Taschenwortschatz Spanisch

von
José María Navarro
und
Axel J. Navarro Ramil

PONS
Ernst Klett Verlag
Stuttgart Düsseldorf Leipzig

Taschenwortschatz Spanisch

von
Prof. Dr. José María Navarro, Hamburg
und
Dr. Axel J. Navarro Ramil, Hamburg

Warenzeichen
Wörter die unseres Wissens eingetragene Warenzeichen darstellen, sind als solche gekennzeichnet. Es ist jedoch zu beachten, dass weder das Vorhandensein noch das Fehlen derartiger Kennzeichnungen die Rechtslage hinsichtlich eingetragener Warenzeichen berührt.

Die Deutsche Bibliothek – CIP-Einheitsaufnahme

Ein Titeldatensatz dieser Publikation ist bei der Deutschen Bibliothek erhältlich.

1. Auflage 2002

Internet: www.pons.de
E-Mail: info@pons.de

Redaktion: Simone Dreher M. A.
Umschlaggestaltung: Ilona Arfaoui, Stuttgart
Logoentwurf: Erwin Poell, Heidelberg
Satz: Fotosatz Kaufmann, Stuttgart
Druck: Clausen & Bosse, Leck
Printed in Germany

ISBN 3-12-519634-5

Inhalt

Vorwort

Ziel und Zweck

Der *Taschenwortschatz Spanisch (TWS)* ist für Lernende der spanischen Sprache gedacht, die gezielt und thematisch strukturiert einen Wortschatz erwerben oder ausbauen wollen. Der TWS ermöglicht es, Vorhandenes zu festigen, Neues systematisiert und kontextualisiert zu erlernen und ist ein verlässliches Hilfsmittel für die selbstständige Sprachproduktion.

Grundlagen des TWS

Bei der Erstellung des TWS wurden zahlreiche Quellen gesichert und ausgewertet:

- Wortlisten der neuesten Lehr- und Lesebücher aus dem schulischen Bereich und der Erwachsenenbildung;
- der VHS-Zertifikatswortschatz;
- Listen mit Neologismen;
- Referenzquellen aus dem Internet;
- neueste Wortschätze und Frequenzwörterbücher.

Für die Bearbeitung dieser Quellen haben die Autoren Auswahlkriterien entwickelt, die folgende Aspekte berücksichtigen:

- Die Frequenz bzw. Häufigkeit, mit der eine lexikalische Einheit im kommunikativen Sprachgebrauch des Spanischen vorkommt.
- Wörter, die beispielsweise Entlehnungen aus anderen Sprachen sind und daher für deutsche Lernende leicht zu verstehen bzw. abzuleiten sind, wurden grundsätzlich nicht aufgenommen. Bei formaler Ähnlichkeit von spanischen Wörtern, die jedoch eine andere Bedeutung haben, d. h. bei den sogenannten *Falschen Freunden*, wurden die Bedeutungsunterschiede besonders erläutert.

Aufbau

Der Lernwortschatz Spanisch geht systematisch vom Menschen und den ihn umgebenden Bereichen aus. So entstanden 24 Hauptthemen, die in 126 Unterkapitel aufgeteilt sind. Die thematische Bündelung der Worteinträge in Bedeutungsfelder, die memorisierbare Wortgruppen bilden und in semantischer Relation stehen, erleichtern das Lernen und sorgen für Übersichtlichkeit.

Gemeinsam mit dem thematischen Aufbau des TWS, sorgt das Layout für eine rasche Orientierung:

- Die ca. 5000 Haupteinträge erscheinen in blauem Druck und unterscheiden sich von den ca. 1000 schwarz gedruckten Untereinträgen.
- Wichtige idiomatische Wendungen, Bedeutungsvarianten, besondere Fragen der Grammatik bzw. Ausnahmen, aber auch signifikante Unterschiede zwischen der spanischen und deutschen Sprache und ihren Kulturen wurden besonders berücksichtigt. Daher wurden charakteristische Verhaltensweisen, Gebräuche sowie nützliche Informationen über Land und Leute im TWS aufgenommen.
- In den Beispielsätzen sind situative Bezüge hergestellt, die das kontextuelle Verstehen unterstützen und den Behaltenseffekt fördern. Sie führen vor, wie der Haupteintrag mit anderen Satzteilen bzw. Wörtern und in unterschiedlichsten grammatischen Konstruktionen verwendet wird. Bedeutungsvarianten der Haupteinträge, etwa in idiomatischen Redensarten oder Sprichwörtern, werden gesondert erläutert. Die Beispielsätze enthalten kulturelle, landeskundliche oder verhaltensspezifische Informationen.
- Abweichungen von der Standardsprache werden durch entsprechende Zusätze nach dem jeweiligen Eintrag gekennzeichnet.
- Das Kapitel Amerikanismen ist den Sprachvarianten zwischen Amerika und Spanien gewidmet.

Viel Spaß und Erfolg beim Wortschatzlernen!

Autoren und Redaktion

Hinweise zur Aussprache im Spanischen

Konsonanten

c	[k]	**c**aja, **c**laro	***c*** vor *a, o* oder *u* und vor Konsonanten wie das deutsche *k*
ce, ci	[θ]	**ce**ro	***c*** vor *e* oder *i* wie das englische *th* in *think*
ch	[tʃ]	**ch**iste	***ch*** wie *tsch* in *Matsch*
d	[d; ð]	**d**anés, Andalucía; ciu**dad**	am Anfang eines Wortes oder nach *l, n* oder *d* wird ***d*** wie im Deutschen ausgesprochen; sonst wie das englische *th* in *the*
g	[g; ɣ]	**g**afas, **g**racias, tan**g**o, in**g**lés; pa**g**a	im Anlaut vor *a, o, u* und vor Konsonanten sowie im Inlaut nach *n* (wenn *a, o, u* oder Konsonant folgen) wie das deutsche *g*; ansonsten wie ein [g], das als Reibelaut gesprochen wird
ge, gi	[x]	**ge**nte, **gi**rar	***g*** vor *e* und *i* wie *ch* in *ach*
h		**h**aber	***h*** wird nicht ausgesprochen
j	[x]	**j**ugar	***j*** wie *ch* in *ach*
ll	[ʎ]	**ll**amar, ca**ll**e	***ll*** wird wie in *Taille* ausgesprochen
ñ	[ɲ]	Espa**ñ**a	***ñ*** wie *nj* in *Tanja*
q	[k]	**qu**e	***qu*** wie das deutsche *k*
r, rr	[r, rr]	qui**t**ar, ga**rr**a	***r*** wird rollend ausgesprochen, ***rr*** noch betonter
s	[s; z]	quizá**s**, fie**s**ta; i**s**la, la**s** Ram-blas	***s*** wird *stimmlos* (außer vor stimmhaften Konsonanten) ausgesprochen; *stimmhaft* vor stimmhaften Konsonanten
v	[b; β]	**v**ía, un **v**iaje; di**v**idir, Cer**v**antes	***v*** im Anlaut und nach *n* wie *b*; im Inlaut, außer nach *n* wie ein Laut zwischen *w* und *b* mit Tendenz zu *b*
y	[j]	pla**y**a, **y**o	***y*** wie deutsch *j*
z	[θ]	pla**z**a, tena**z**	***z*** wie das englische *th* in *think*

Vokale

[a]	pata	werden ungefähr wie im Deutschen ausgesprochen
[e]	me	
[i]	pino	
[o]	lo	***o*** wird wie das offene *o* in *Schloss* ausgesprochen
[u]	lunes	***u*** wird wie im Deutschen ausgesprochen, nach *q* und in der Verbindung *gue* und *gui* wird es aber nicht ausgesprochen, außer wenn es mit *Umlaut* geschrieben wird, z. B. *antig**ü**edad*

Diphthonge

Ist der erste Bestandteil des Diphthongs *a, e* oder *o*, und der zweite Bestandteil *i* oder *u*, so wird der erste Bestandteil stärker betont:

ai, ay	b**ai**le, J**ai**me	wie *ai* in *Hai*
au	**au**to	wie im Deutschen
ei, ey	s**ei**s,bu**ey**	zwei getrennte Laute, wie *ei* in *überseeisch*
eu	d**eu**da	zwei getrennte Laute, wie *eu* in *Amadeus*
oi, oy	h**oy**	wie *äu* in *Häuser*

Ist der erste Bestandteil des Diphthongs *i* oder *u*, so wird er zum Halbvokal [j] oder [w] abgeschwächt und der zweite Bestandteil wird stärker betont:

ia	[ja]	Reman**ia**
ie	[je]	f**ie**sta
io	[jo]	vacac**io**nes
iu	[ju]	c**iu**dad

ua	[wa]	estat**ua**
ue	[we]	b**ue**no
uo	[wo]	antig**uo**
ui	[wi]	c**ui**dado

1 Angaben zur Person

1.1 Persönliche Daten

la **persona**	Person, Mensch
ser	sein
el **nombre**	Vorname
el **apellido**	Nachname
Los españoles tienen dos apellidos.	Spanier haben zwei Nachnamen.
llamarse	heißen
el **hombre**	Mann; Mensch
Tu hijo **está hecho un hombre**.	Dein Sohn ist schon ein richtiger Mann.
la **mujer**	Frau
el **muchacho**, la **muchacha**	Junge, Mädchen
el **señor**, la **señora**	Herr, Frau
la **señorita**	Fräulein
don, doña	*Don, Doña*
¿De dónde es usted?	Woher sind Sie?
– Soy española.	– Ich bin Spanierin.
¿Cuántos años tienes?	Wie alt bist du?
la **dirección**	Adresse
No tengo tu dirección.	Ich habe deine Adresse nicht.
vivir	wohnen, leben
¿Dónde vivís? – Vivimos en Sabadell pero somos de Jaén.	Wo wohnt ihr? – Wir wohnen in Sabadell, aber wir sind aus Jaén.
la **calle**	Straße
el **número de teléfono**	Telefonnummer
estar	sein
soltero, a	ledig
casado, a	verheiratet
divorciado, a	geschieden
No se han divorciado.	Sie haben sich nicht scheiden lassen.
el **viudo**, la **viuda**	Witwer, Witwe
Su madre **se quedó** muy joven viuda.	Seine Mutter ist sehr jung Witwe geworden.
separado, a	getrennt
la **edad**	Alter
Ya soy **mayor de edad**.	Ich bin schon volljährig.
Prohibido para **menores de edad**.	Für Minderjährige verboten.
la **tercera edad**	Senioren
la **profesión**	Beruf
¿Cuál es su profesión?	Was sind Sie von Beruf?
dedicarse	(beruflich) machen; sich widmen

el **documento de identidad**	Personalausweis
¿Lleva usted el documento de identidad?	Haben Sie einen Personalausweis dabei?
el **pasaporte**	Pass
el **lugar de nacimiento**	Geburtsort
la **nacionalidad**	Nationalität
el **domicilio**	Wohnsitz

extranjero, a	Fremde(r); Ausländer(in)
el, la **emigrante**	Auswanderer(in)
emigrar	auswandern
la **emigración**	Auswanderung
el, la **inmigrante**	Einwanderer(in)
el **permiso de residencia**	Aufenthaltsgenehmigung
válido, a	gültig

1.2 Nationalität, Sprachen, Länder, Volksgruppen

Europa	Europa
(el, la) **europeo, a**	europäisch; Europäer(in)
Unión Europea (UE)	Europäische Union (EU)
el **país**	Land
Euskadi es el nombre vasco del **País Vasco**.	Euskadi ist die baskische Bezeichnung für das Baskenland.
el **idioma**	Sprache; Fremdsprache
Alemania	Deutschland
(el, la) **alemán, alemana**	deutsch; Deutsch; Deutsche(r)
Suiza	Schweiz
(el, la) **suizo, a**	schweizerisch; Schweizer(in)
Austria	Österreich
(el, la) **austríaco, a**	österreichisch; Österreicher(in)
Inglaterra	England
(el, la) **inglés, inglesa**	englisch; Englisch; Engländer(in)
Irlanda	Irland
(el, la) **irlandés, irlandesa**	irisch; Ire, Irin
Gran Bretaña	Großbritannien
(el, la) **británico, a**	britisch; Brite, Britin
Escocia	Schottland
(el, la) **escocés, escocesa**	schottisch; Schottisch; Schotte, Schottin
(País de) Gales	Wales
(el, la) **galés, galesa**	walisisch; Walisisch; Walise, Walisin

Francia	Frankreich
Francia **limita con** Bélgica, Alemania, Suiza, Italia y España.	Frankreich grenzt an Belgien, Deutschland, Schweiz, Italien und Spanien.

(el, la) **francés, francesa**	französisch; Französisch; Franzose, Französin
Italia	Italien
(el, la) **italiano, a**	italienisch; Italienisch; Italiener(in)
España	Spanien
En España **se hablan** cuatro lenguas: el español o castellano, el vasco o euskera, el gallego y el catalán.	In Spanien spricht man vier Sprachen: Spanisch, Baskisch, Galicisch und Katalanisch.
(el, la) **español, a**	spanisch; Spanisch; Spanier(in)
(el, la) **castellano, a**	kastilisch; Kastilisch; Kastilier(in)
Portugal	Portugal
(el, la) **portugués, portuguesa**	portugiesisch; Portugiesisch; Portugiese, Portugiesin

Polonia	Polen
(el, la) **polaco, a**	polnisch; Polnisch; Pole, Polin
Eslovaquia	Slowakien
(el, la) **eslovaco, a**	slowakisch; Slowakisch; Slowake, Slowakin
República Checa	Tschechische Republik
checo,a	Tscheche(in)
Hungría	Ungarn
(el, la) **húngaro, a**	ungarisch; Ungarisch; Ungar, Ungarin
Grecia	Griechenland
(el, la) **griego, a**	griechisch; Griechisch; Grieche, Griechin
Turquía	Türkei
(el, la) **turco, a**	türkisch; Türkisch; Türke, Türkin

Suecia	Schweden
(el, la) **sueco, a**	schwedisch; Schwedisch; Schwede, Schwedin
Noruega	Norwegen
(el, la) **noruego, a**	norwegisch; Norwegisch; Norweger(in)
Finlandia	Finnland
(el, la) finlandés, finlandesa	finnisch; Finnisch; Finne, Finnin
Dinamarca	Dänemark
(el, la) **danés, danesa**	dänisch; Dänisch; Däne, Dänin
Holanda	Holland
(el, la) **holandés, holandesa**	holländisch; Holländisch; Holländer(in)
Bélgica	Belgien
(el, la) **belga**	belgisch; Belgier(in)

América	Amerika

(el, la) **americano, a**	amerikanisch; Amerikaner(in)
(el) **Canadá**	Kanada
(el, la) **canadiense**	kanadisch; Kanadier(in)
(los) **Estados Unidos (EE.UU.)**	Vereinigte Staaten (USA)
(el, la) **estadounidense**	US-amerikanisch; US-Amerikaner(in)
(el, la) **norteamericano, a**	nordamerikanisch; Nordamerikaner(in)

Hispanoamérica	Hispanoamerika, Spanisch-Amerika
hispanoamericano, a	hispanoamerikanisch, spanisch-amerikanisch
Latinoamérica	Lateinamerika
(el, la) **hispanohablante**	spanischsprachig; Spanisch Sprechende(r)
(el, la) **sudamericano, a**	südamerikanisch; Südamerikaner(in)

México (Méjico)	Mexiko
(el, la) **mexicano, a (mejicano, a)**	mexikanisch; Mexikaner(in)
Guatemala	Guatemala
(el, la) **guatemalteco, a**	guatemaltekisch; Guatemalteke, Guatemaltekin
Honduras	Honduras
(el, la) **hondureño, a**	honduranisch; Honduraner(in)
El Salvador	El Salvador
(el, la) **salvadoreño, a**	salvadorianisch; Salvadorianer(in)
Nicaragua	Nicaragua
(el, la) **nicaragüense**	nicaraguanisch; Nicaraguaner(in)
Costa Rica	Costa Rica
(el, la) **costarricense**	costaricanisch; Costaricaner(in)
Puerto Rico	Puerto Rico
puertorriqueño, a	Puertoricaner(in)
Panamá	Panama
(el, la) **panameño, a**	panamaisch; Panamaer(in)
Cuba	Kuba
(el, la) **cubano, a**	kubanisch; Kubaner(in)
(la) **República Dominicana**	Dominikanische Republik
(el, la) **dominicano, a**	dominikanisch; Dominikaner(in)

Colombia	Kolumbien
(el, la) **colombiano, a**	kolumbianisch; Kolumbianer(in)
Venezuela	Venezuela
(el, la) **venezolano, a**	venezolanisch; Venezolaner(in)

(el) **Ecuador**	Ecuador
(el, la) **ecuatoriano, a**	ecuadorianisch; Ecuadorianer(in)
(el) **Perú**	Peru
(el, la) **peruano, a**	peruanisch; Peruaner(in)
Bolivia	Bolivien
(el, la) **boliviano, a**	bolivianisch; Bolivianer(in)
(el) **Paraguay**	Paraguay
(el, la) **paraguayo, a**	paraguayisch; Paraguayer(in)
(el) **Uruguay**	Uruguay
(el, la) **uruguayo, a**	uruguayisch; Uruguayer(in)
(el) **Brasil**	Brasilien
(el, la) **brasileño, a**	brasilianisch; Brasilianer(in)
(la) **Argentina**	Argentinien
(el, la) **argentino, a**	argentinisch; Argentinier(in)
Chile	Chile
(el, la) **chileno, a**	chilenisch; Chilene, Chilenin
África	Africa
(el, la) **africano, a**	afrikanisch; Afrikaner(in)
Marruecos	Marokko
(el, la) **marroquí**	marokkanisch; Marokkaner(in)
Egipto	Ägypten
(el,la) **egipto, a**	ägyptisch;Ägypter(in)
(el, la) **árabe**	arabisch; Arabisch; Araber(in)
Asia	Asien
(el, la) **asiático, a**	asiatisch; Asiate, Asiatin
China	China
(el, la) **chino, a**	chinesisch; Chinesisch; Chinese, Chinesin
(el) **Japón**	Japan
japonés, japonesa	japanisch; Japanisch; Japaner(in)
Australia	Australien
(el, la) **australiano, a**	australisch; Australier(in)
Nueva Zelanda	Neuseeland
(el, la) **neozelandés, neozelandesa**	neuseeländisch; Neuseeländer(in)
Israel	Israel
(el, la) **israelí**	israelisch; Israeli
(la) **India**	Indien
(el, la) **indio, a**	indisch; Inder(in)
Filipinas	Philippinen
(el, la) **filipino, a**	philippinisch; Filipino, Filipina
Rusia	Russland
(el, la) **ruso, a**	russisch; Russisch; Russe, Russin

el **mulato**, la **mulata**	Mulatte, Mulattin
el **mestizo**, la **mestiza**	Mestize, Mestizin
Los mestizos **son de** padre blanco y madre india.	Mestizen haben einen weißen Vater und eine indianische Mutter.
el **gitano**, la **gitana**	Zigeuner(in)
la **tribu**	Stamm
el **indio**, la **india**	Indianer(in)
(el, la) **azteca**	aztekisch; Azteke, Aztekin
el, la **maya**	Mayaindianer(in); Maya(sprache)
el, la **inca**	Inka
el **quechua**	Ketschua(sprache)

2 Der menschliche Körper

2.1 Körperteile und Organe

el **cuerpo**	Körper
corporal	körperlich
físico, a	körperlich
la **piel**	Haut
el **hueso**	Knochen
la **cabeza**	Kopf
el **pelo**	Haar
la **cara**	Gesicht
la **frente**	Stirn
Algunas personas confunden *la frente* con **el frente.**	Manche Leute verwechseln *Stirn (la frente)* mit *Front (el frente).*
el **ojo**	Auge
la **oreja**	Ohr
la **nariz**	Nase
la **boca**	Mund
la **lengua**	Zunge
el **diente**	Zahn
El azúcar es malo para los dientes.	Zucker ist schlecht für die Zähne.
la **muela**	Backenzahn
Gema tiene **dolor de muelas.**	Gema hat Zahnschmerzen.
el **brazo**	Arm
la **mano**	Hand
darse la mano.	sich per Handschlag begrüßen
el **dedo**	Finger
el **pecho**	Brust
Lola tiene un **niño de pecho.**	Lola hat einen Säugling.
la **espalda**	Rücken
el **corazón**	Herz
la **sangre**	Blut
el **estómago**	Magen
Me duele el estómago.	Ich habe Bauchschmerzen.
el **cerebro**	Gehirn
el **nervio**	Nerv
la **pierna**	Bein
el **pie**	Fuß
Me canso de **estar de pie.**	Ich bin müde vom Stehen.
la **rodilla**	Knie
Víctor **se ha puesto de rodillas** en la iglesia.	Víctor hat sich in der Kirche hingekniet.
el **labio**	Lippe
la **barbilla**	Kinn

el **hombro**	Schulter
la **garganta**	Kehle; Hals
el **cuello**	Hals

el **pulmón**	Lunge
respirar	atmen
la **respiración**	Atmung
el **vientre**	Bauch; Leib
el **riñón**	Niere

2.2 Sexualität, Fortpflanzung

la **mujer**	Frau
Hay que luchar por los derechos de la mujer.	Man muss für die Frauenrechte kämpfen.
el **hombre**	Mann, Mensch
el **chico**, la **chica**	Junge, Mädchen
el **sexo**	Geschlecht
sexual	Sexual-, sexuell, geschlechtlich

enamorado, a	verliebt
querer	lieben, begehren, wollen
¿Me quieres?	Liebst du mich?
amar	lieben
Te amo.	Ich liebe dich.
el **beso**	Kuss
Dame un beso.	Gib mir einen Kuss.
besarse	sich küssen
íntimo, a	intim; eng befreundet
enamorarse	sich verlieben
Yo **estoy enamorada de** Andrés.	Ich bin in Andrés verliebt.
hacer el amor	sich lieben, miteinander schlafen

la **píldora**	Pille
el **condón**	Kondom
Déme un paquete de condones.	Geben Sie mir ein Päckchen Kondome.
el **aborto**	Schwangerschaftsabbruch; Fehlgeburt
el **periodo**	Periode, Menstruation

(el) **homosexual**	Homosexueller, homosexuell
lesbiana	lesbisch
el **acoso sexual**	sexuelle Belästigung

2.3 Geburt, Lebensentwicklung, Tod

nacer	geboren werden
el **cumpleaños**	Geburtstag
vivir	leben
la **vida**	Leben
vivo, a	lebendig, am Leben
estar vivo	leben
ser vivo	schlau sein
el **bebé**	Baby
el **niño**, la **niña**	Kind; Junge, Mädchen
el, la **joven**	Jugendliche(r)
joven	jung
juvenil	jugendlich
viejo, a	alt
crecer	wachsen
la **infancia**	Kindheit
la **juventud**	Jugend
el **adulto**, la **adulta**	Erwachsene(r)
Hay cursos de español para adultos.	Es gibt Spanischkurse für Erwachsene.
la **vejez**	Alter; Lebensabend
la **muerte**	Tod
¡Peligro de muerte!	Lebensgefahr!
morir	sterben
Doña Felisa **murió de** cáncer.	Frau Felisa starb an Krebs.
morirse	sterben
Se murió **a causa de** un infarto.	Er starb an den Folgen eines Infarktes.
mortal	tödlich
el **suicidio**	Selbstmord

2.4 Sinne und Wahrnehmungen

sentir	fühlen, spüren
Siento frío.	Mir ist kalt.
el **frío**	Kälte
Tengo frío.	Mir ist kalt.
caliente	warm
el **calor**	Hitze
¡Qué calor tengo! ¿Vamos a bañarnos?	Mir ist heiß! Gehen wir baden?
tocar	berühren
Por favor, no toquen el género.	Bitte berühren Sie die Ware nicht.

duro, a	hart
blando, a	weich

ver	sehen
Hoy no quiero ver a nadie.	Heute möchte ich niemanden sehen.
mirar	schauen

oír	hören
escuchar	zuhören
Clara me oye pero no escucha.	Clara hört mich, aber hört nicht zu.
el **ruido**	Lärm, Krach
el **silencio**	Stille
¡Silencio, que hay un enfermo!	Ruhe! Da liegt ein Kranker.

el **olor**	Geruch; Gestank
oler	riechen
Tu perfume huele muy bien.	Dein Parfüm riecht sehr gut.

gustar	schmecken
dulce	süß
salado, a	salzig
¡**Qué salado es** este niño!	Ist das ein pfiffiges Kind!
amargo, a	bitter
agrio, a	sauer

el **sentido**	Sinn
Esto no **tiene sentido**.	Das macht keinen Sinn.
notar	wahrnehmen; bemerken
la **vista**	Sehfähigkeit
Rafael **perdió la vista** en un accidente.	Rafael ist durch einen Unfall erblindet.
la **mirada**	Blick
¡Eche una mirada al periódico!	Werfen Sie einen Blick in die Zeitung!
reconocer	erkennen
el **oído**	Gehör
Carmen **canta de oído**.	Carmen singt nach dem Gehör.
el **tacto**	Tastsinn
el **gusto**	Geschmack

2.5 Aktivitäten, Bewegungen, Zustände

la **actividad**	Aktivität, Betätigung
la **acción**	Handlung; Tat
hacer	machen, tun
¿Qué hiciste el sábado?	Was hast du am Samstag gemacht?
el **esfuerzo**	Anstrengung

Haz un esfuerzo y aprobarás el examen.	Streng dich an und du wirst die Prüfung bestehen.
sonreír	lächeln
¡Sonría, por favor!	Bitte lächeln!
la **sonrisa**	Lächeln
reírse	lachen
la **risa**	Lachen
Es para **morirse de risa**.	Es ist zum Totlachen.
moverse	sich bewegen
quedarse	bleiben
ir	gehen; fahren; reisen
irse	weggehen; wegfahren; verreisen
Se va a casa.	Sie geht nach Hause.
venir	herkommen; kommen
¿Vienes conmigo?	Kommst du mit?
llegar	ankommen
Llegaré el domingo.	Ich werde am Sonntag ankommen.
regresar	zurückkehren
volver	zurückkommen
pasar	hineingehen; eintreten
¡Hola! Pasa y siéntate.	Hallo! Komm herein und setz dich.
entrar	hineingehen
salir	hinausgehen; ausgehen
Maruja ha salido.	Maruja ist ausgegangen.
andar	gehen; laufen
correr	laufen; rennen
¡Corre, que llegamos tarde!	Mach schon, wir kommen zu spät!
darse prisa	sich beeilen
Tenemos que darnos prisa.	Wir müssen uns beeilen.
tener prisa	es eilig haben
Tengo mucha prisa.	Ich habe es sehr eilig.
pisar	treten
caerse	stürzen; hinfallen
levantarse	aufstehen
sentarse	sich setzen
¡Siéntese!	Nehmen Sie Platz!
estar sentado, a	sitzen
acostarse	schlafen gehen; sich hinlegen
dormir	schlafen
Los sábados duermo hasta las once.	Samstags schlafe ich bis elf Uhr.
cansado, a	müde

despierto, a	wach
soñar	träumen
He soñado anoche **con** Claudia.	Ich habe gestern Nacht von Claudia geträumt.
el **sueño**	Traum; Schlaf
El niño **tiene sueño**.	Das Kind ist müde.
tomar	nehmen
coger	greifen; nehmen
dar	geben
poner	setzen; stellen; legen
Cecilia pone la mesa.	Cecilia deckt den Tisch.
usar	benützen
el **uso**	Gebrauch; Verwendung
emplear	verwenden, benutzen
entregar	überreichen
la **entrega**	Übergabe, Überreichung
abrir	öffnen
¡Abra la maleta!	Öffnen Sie den Koffer!
cerrar	schließen
meter	hineinstecken
echar	werfen
sacar	herausholen, -ziehen, -nehmen; entnehmen
traer	(her)bringen
llevar	(hin)bringen
Anna **lleva** los niños al colegio.	Ana bringt die Kinder in die Schule.
llevarse	mitnehmen
Me llevo el diccionario.	Ich nehme das Wörterbuch mit.
dejar	(zurück)lassen
quitar	wegnehmen, wegstellen, wegtun
encender	einschalten; anzünden
apagar	ausschalten; löschen
¡Apague el cigarrillo!	Machen Sie die Zigarette aus!
romper	zerbrechen; zerreißen; kaputtmachen
apretar	drücken
agitar	schütteln
¡**Agítese** antes de usarlo!	Vor Gebrauch schütteln!
apoyarse	sich stützen
echarse	sich hinlegen
Ricardo se ha echado un rato.	Ricardo hat sich eine Weile hingelegt.
la **siesta**	Mittagsschlaf

Todos los días duermo la siesta.	Ich mache jeden Tag einen Mittagsschlaf.
despertar	wecken, aufwecken
despertarse	aufwachen
madrugar	früh aufstehen
dormirse	einschlafen
Se me ha dormido un pie.	Mir ist ein Fuß eingeschlafen.
descansar	ausruhen
¡Que descanse!	Schlafen Sie gut!
relajarse	sich entspannen
cansar	ermüden
cansarse	ermüden, müde werden
la **pesadilla**	Alptraum

---

volverse	sich umdrehen
caminar	gehen; wandern
el **paso**	Schritt
pararse	stehen bleiben
En Hispanoamérica *pararse* significa *ponerse de pie.*	In Hispanoamerika bedeutet *pararse* „aufstehen".
quieto, a	ruhig
Juanito, ¡estáte quieto de una vez!	Juanito, sei endlich ruhig!
temblar	zittern

---

buscar	suchen
hallar	finden
Quien busca, halla.	Wer sucht, der findet.
encontrar	finden
esconder	verstecken
guardar	aufbewahren
recoger	aufräumen; abholen
señalar	kennzeichnen; hinweisen; anzeigen

---

fijar	befestigen; ankleben; festlegen
Prohibido fijar carteles.	Plakate ankleben verboten!
mover	bewegen
levantar	auf-, hochheben
colgar	hängen; aufhängen
envolver	einwickeln, -packen
cubrir	bedecken; zudecken
mojar	befeuchten, nass machen
llenar	(auf)füllen

---

tirar	ziehen; wegwerfen
En Hispanoamérica en las puertas no pone *tirar* sino *halar.*	In Hispanoamerika steht an Türen nicht *tirar* („ziehen"), sondern *halar* („ziehen").
empujar	drücken; stoßen
¡No empujen!	Bitte nicht drängeln!

2.6 Aussehen

alto, a	groß
bajo, a	klein
gordo, a	dick
delgado, a	schlank
Eres alta y delgada.	Du bist groß und schlank.
fuerte	kräftig
la **belleza**	Schönheit
bello, a	schön
guapo, a	schön
feo, a	hässlich
rubio, a	blond
pelirrojo, a	rothaarig
castaño, a	brünett, braunhaarig
moreno, a	braun gebrannt; dunkelhaarig
¡Qué **moreno** te has **puesto**!	Du bist aber braun geworden!
negro, a	dunkelhäutig; schwarz
blanco, a	hellhäutig; weiß
pálido, a	blass
colorado, a	rot, rötlich
El niño **se puso colorado** cuando lo miraron.	Der Junge ist rot geworden, als sie ihn anschauten.
adelgazar	abnehmen
engordar	zunehmen
atractivo, a	attraktiv; anziehend
el **tipo**	Figur
María tiene buen tipo.	María hat eine gute Figur.
parecerse	ähneln
femenino, a	weiblich
masculino, a	männlich
el **bigote**	Schnurrbart
la **barba**	Bart
Oriol **se ha dejado barba**.	Oriol hat sich einen Bart wachsen lassen.
rizado, a	wellig, lockig
calvo, a	kahlköpfig

2.7 Kosmetik und Körperpflege

lavarse	sich waschen
bañarse	baden
Vamos a bañarnos.	Wir gehen gleich baden.
ducharse	duschen
el **jabón**	Seife

limpio, a	sauber
sucio, a	schmutzig
mancharse	sich beschmutzen
Me he manchado de tinta el pantalón.	Ich habe mir die Hose mit Tinte schmutzig gemacht.
secarse	sich abtrocknen
la **toalla**	Handtuch
limpiarse los dientes	sich die Zähne putzen
lavarse la cabeza	sich die Haare waschen
el **champú**	Haarwaschmittel
el **peine**	Kamm
peinarse	sich kämmen
afeitarse	sich rasieren
la **máquina de afeitar**	Rasierapparat
la **cuchilla de afeitar**	Rasierklinge
Me afeito con cuchilla.	Ich rasiere mich nass.
la **brocha**	Rasierpinsel
la **crema**	Creme
Déme **crema para el sol**.	Geben Sie mir bitte Sonnencreme.
el **cepillo**	Bürste
cepillarse	sich bürsten
el **cepillo de dientes**	Zahnbürste
la **pasta dentífrica**	Zahncreme
mojado, a	nass
el **secador**	Haartrockner, Föhn
el **peinado**	Frisur
la **peluquería**	Friseursalon
teñirse el pelo	sich die Haare färben
el **corte de pelo**	Haarschnitt
maquillarse	sich schminken
pintarse	sich anmalen
la **sombra de ojos**	Lidschatten
el **rímel**	Wimperntusche
el **lápiz de labios**	Lippenstift
la **laca**	Nagellack; Haarlack
la **permanente**	Dauerwelle
las **pinzas**	Pinzette
la **lima**	Nagelfeile
el **perfume**	Parfüm
higiénico, a	hygienisch
el **papel higiénico**	Toilettenpapier
la **compresa higiénica**	Damenbinde
el **tampón**	Tampon
la **droguería**	Drogerie

3 Gesundheit und Medizin

3.1 Allgemeines Befinden

encontrarse	sich befinden
¿Qué tal? – Muy bien.	Wie geht es dir? – Sehr gut.
regular	(mittel)mäßig
¡Que se mejore!	Gute Besserung!
la **salud**	Gesundheit
sano, a	gesund
enfermo, a	krank

el **dolor**	Schmerz
doler	wehtun, schmerzen
Me duele la garganta y tengo dolor de cabeza.	Ich habe Hals- und Kopfschmerzen.
débil	schwach

el **aspecto**	Aussehen
sentirse	sich fühlen
De pronto Luis se sintió mal.	Plötzlich fühlte sich Luis schlecht.
el **malestar**	Unwohlsein
enfermar	krank werden; erkranken

3.2 Medizinische Versorgung

el **médico**, la **médica**	Arzt, Ärztin
el **médico de cabecera**	Hausarzt
el, la **especialista**	Facharzt, Fachärztin
la **homeopatía**	Homöopathie
el, la **homeópata**	Homöopath, Homöopathin
el, la **dentista**	Zahnarzt, Zahnärztin
¿Para cuándo **te ha dado hora** el dentista?	Wann hast du einen Zahnarzttermin?
el **empaste**	Plombe, Füllung
la **consulta**	Praxis; Sprechstunde

el **hospital**	Krankenhaus
el **enfermero**, la **enfermera**	Krankenpfleger, Krankenschwester
la **inyección**	Spritze
la **operación**	Operation, Eingriff
operar	operieren
la **ambulancia**	Krankenwagen
¡Llame a una ambulancia!	Rufen Sie einen Krankenwagen!

la **farmacia**	Apotheke
¿Abren las farmacias los domingos? – Sólo las farmacias de guardia.	Haben die Apotheken sonntags geöffnet? – Nur die Apotheken mit Notdienst.

la **receta**	Rezept
Para la aspirina no **hace falta receta**.	Aspirin ist nicht rezeptpflichtig.
recetar	verschreiben
el **medicamento**	Arzneimittel, Medikament
Prefiero medicamentos naturales.	Ich ziehe Naturheilmittel vor.
la **medicina**	Medizin
la **pastilla**	Tablette, Pille
la **aspirina**	Schmerzmittel
las **gotas**	Tropfen
la **venda**	Verband
vendar	verbinden
la **tirita**	Pflaster
las **gafas**	Brille

la **clínica**	Klinik; Praxis
Urgencias	Notaufnahme
¿Dónde encuentro un **médico de urgencias**?	Wo finde ich einen Notarzt?
la **urgencia**	Notfall
¡Llame a un médico! Es un **caso de urgencia**.	Rufen Sie einen Arzt. Das ist ein Notfall.
los **primeros auxilios**	erste Hilfe
la **tomografía computarizada**	Computertomographie
el **ambulatorio**	Ambulanz, Poliklinik
la **UVI (Unidad de Vigilancia Intensiva)**	Intensivstation

la **cirugía**	Chirurgie
el, la **cirujano, a**	Chirurg(in)
el **quirófano**	Operationssaal, OP
la **anestesia**	Narkose, Betäubung

el **seguro de enfermedad**	Krankenversicherung
la **Seguridad Social**	Sozial- und Krankenversicherung
la **casa de socorro**	Rettungswache; Unfallstation

3.3 Krankheiten und Behandlung

la **enfermedad**	Krankheit
sufrir	leiden; erleiden
prevenir	vorbeugen
Más vale prevenir que curar.	Vorbeugen ist besser als heilen.
tratar	behandeln
curar	heilen
clonar	klonen
el **enfermo**, la **enferma**	Kranke(r)
la **herida**	Verletzung; Wunde

herido, a	verletzt
Se llevaron al policía herido en una ambulancia.	Sie nahmen den verletzten Polizisten in einem Krankenwagen mit.
sangrar	bluten
El chico sangraba **por la nariz**.	Der Junge blutete aus der Nase.
dañar	schaden
El tabaco le ha dañado los pulmones.	Der Tabak hat seinen Lungen geschadet.
hacerse daño	sich verletzen
la **fiebre**	Fieber
sudar	schwitzen
mareado, a	schwindlig; benommen; seekrank
desmayarse	in Ohnmacht fallen
vomitar	(er)brechen, sich übergeben
el **resfriado**	Erkältung; Schnupfen
Carmen tiene un resfriado.	Carmen hat Schnupfen.
resfriado, a	erkältet
resfriarse	sich erkälten
la **gripe**	Grippe
la **tos**	Husten
toser	husten
Estoy tosiendo toda la noche.	Ich huste schon die ganze Nacht lang.
el **cáncer**	Krebs
ciego, a	blind
sordo, a	taub
mudo, a	stumm
el **estrés**	Stress
el **ataque**	Anfall
el **infarto de corazón**	Herzinfarkt
grave	schwer; ernst; gefährlich
Juan está grave.	Juan ist schwer krank.
leve	leicht
incurable	unheilbar
mejorar	gesund werden, genesen
¡Ay!	Aua!
doloroso, a	schmerzhaft
la **cicatriz**	Narbe
quemarse	sich verbrennen
el **dolor de cabeza**	Kopfschmerzen
Me duele la cabeza.	Ich habe Kopfschmerzen.
el **tratamiento**	ärztliche Behandlung
el **reconocimiento**	Untersuchung
reconocer	untersuchen

Desnúdese para que la reconozca.	Ziehen Sie sich bitte aus, damit ich Sie untersuchen kann.
el **análisis de sangre**	Blutuntersuchung
la **tensión**	Blutdruck
Tiene la tensión alta.	Sie haben hohen Blutdruck.
el **contagio**	Ansteckung
contagiarse	sich anstecken
el **hongo**	(Fuß-, Schimmel-)Pilz
la **infección**	Entzündung
infectarse	sich entzünden; sich anstecken
el **pus**	Eiter
hinchado, a	geschwollen
la **inflamación**	Schwellung; Entzündung
inflamarse	anschwellen; sich entzünden
la **pomada**	Salbe
frotar	einreiben
la **fractura**	Bruch
La **fractura de cadera** es complicada.	Beckenbrüche sind kompliziert.
complicado, a	kompliziert
la **apendicitis**	Blinddarmentzündung
la **diarrea**	Durchfall
el **reuma, reúma**	Rheuma
el **sarampión**	Masern
la **pulmonía**	Lungenentzündung
el **paludismo**	Sumpffieber, Malaria
la **diabetes**	Diabetes, Zuckerkrankheit
el **sida**	Aids
la **anorexia**	Magersucht
la **bulimia**	Bulimie
inyectar	spritzen
la **vacunación**	Impfung
la **vacuna**	Impfstoff
el **minusválido**, la **minusválida**	Behinderte(r)
Este aparcamiento está reservado para minusválidos.	Dieser Parkplatz ist für Behinderte reserviert.
el **sordomudo**, la **sordomuda**	Taubstumme(r)
cojo, a	hinkend; lahm
¿Por qué andas cojo?	Warum hinkst du?
cruzar la vista	schielen
miope	kurzsichtig
la **vista cansada**	Weitsichtigkeit
el **régimen**	Diät
el **masaje**	Massage

3.4 Drogen, Tabak, Alkohol

el **alcohol**	Alkohol
El alcohol al volante es un peligro.	Alkohol am Steuer ist gefährlich.
el **tabaco**	Tabak; Zigaretten
¿Tienes tabaco?	Hast du Zigaretten?
el **tabaco rubio**	heller Tabak; Zigaretten

fumar	rauchen
Prohibido fumar.	Rauchen verboten.
el **fumador**, la **fumadora**	Raucher(in)
el **cigarrillo**	Zigarette
el **cigarro**	Zigarre; Zigarette
el **puro**	Zigarre
la **pipa**	Pfeife
la **cerilla**	Streichholz
Déme una caja de cerillas, por favor.	Geben Sie mir bitte eine Schachtel Streichhölzer.
el **mechero**	Feuerzeug
Quiero un mechero de gas.	Ich möchte ein Gasfeuerzeug.
el **cenicero**	Aschenbecher
la **ceniza**	Asche

el **alcohólico**, la **alcohólica**	Alkoholiker(in)
estar alegre	angeheitert, beschwipst sein
borracho, a	betrunken
bebido, a	angetrunken
emborracharse	sich betrinken

el **drogadicto**, la **drogadicta**	Drogenabhängige(r)
la **droga**	Droge
drogarse	sich berauschen
el **hachís**	Haschisch
el **porro** *pop*	Joint
la **heroína**	Heroin
chutarse *pop*	sich Drogen spritzen, sich einen Druck setzen
estar con el mono *pop*	einen Affen schieben; unter Entzugserscheinungen leiden
la **cocaína**	Kokain
el **éxtasis**	Extasy
colocarse *pop*	sich berauschen, high werden
la **metadona**	Methadon
el **síndrome de abstinencia**	Entzugserscheinungen

el, la **narcotraficante**	Drogenhändler(in)
el **camello** *pop*	Dealer, Drogenhändler
seropositivo	HIV-positiv

4 Psyche, Geist, Verhalten

4.1 Gefühle

el **sentimiento**	Gefühl
Le acompaño en el sentimiento.	Mein herzliches Beileid.
sentir	fühlen; bedauern
Siento que no puedas venir.	Es ist schade, dass du nicht kommen kannst.
la **sensación**	Gefühl, Empfindung
Tengo la sensación de que va a cambiar el tiempo.	Ich habe das Gefühl, dass das Wetter umschlägt.
la **emoción**	Spannung; Aufregung
¡Qué emoción!	Wie spannend!

feliz	glücklich
Feliz Año Nuevo.	Frohes neues Jahr.
la **alegría**	Freude; Heiterkeit
Me has dado una gran alegría.	Du hast mir eine große Freude bereitet.
alegrarse	sich freuen
Me alegro de verte.	Ich freue mich riesig, dich zu sehen.
Me alegro de que estés bien.	Ich freue mich, dass es dir gut geht.
contento, a	zufrieden; froh
¿Estás contenta de estar en Sevilla?	Bist du froh, in Sevilla zu sein?
tranquilo, a	ruhig; besonnen
¡Usted tranquila!	Seien Sie unbesorgt!
la **simpatía**	Sympathie

el **amor**	Liebe
el **cariño**	Zärtlichkeit; Zuneigung; Liebe
Te tengo mucho **cariño**.	Ich habe dich sehr gern.
afectuoso, a	herzlich; zärtlich
Afectuosos saludos de tu amiga Irene.	Herzliche Grüße von deiner Freundin Irene.
cordial	herzlich
la **felicidad**	Glück
Muchas **felicidades por** tu cumpleaños.	Herzlichen Glückwunsch zum Geburtstag.
el **placer**	Freude; Vergnügen; Lust
(estar) enamorado, a (de alguien)	(in jdn) verliebt (sein)
apreciado, a	geachtet; angesehen
gustar	mögen; gefallen
Me gustas.	Du gefällst mir.
tener ganas	Lust haben
Tengo ganas de volver a Venezuela.	Ich habe Lust, nach Venezuela zurückzukehren.
loco, a	wahnsinnig, verrückt
Estoy **loco por** ti.	Ich bin verrückt nach dir.

triste	traurig
la **tristeza**	Traurigkeit
mostrar tristeza	traurig sein
llorar	weinen
Tengo ganas de llorar.	Mir ist zum Weinen zumute.
la **lágrima**	Träne
la **vergüenza**	Scham

aburrirse	sich langweilen
preocupado, a	besorgt; beunruhigt
nervioso, a	nervös
el **miedo**	Angst
No **tengo miedo a** la oscuridad.	Ich fürchte mich nicht vor der Dunkelheit.
temer	fürchten

enfadarse	sich ärgern; wütend werden
Vicente **se ha enfadado contigo**.	Vicente ist wütend auf dich.
la **envidia**	Neid
envidioso, a	neidisch

el **odio**	Hass
odiar	hassen
envidiar	beneiden
desconfiar	misstrauen
decepcionar	enttäuschen

la **confianza**	Vertrauen
Ten confianza en mí.	Hab Vertrauen zu mir.
confiar	vertrauen
la **esperanza**	Hoffnung
la **ilusión**	(Vor-)Freude
tranquilizarse	sich beruhigen
¡Tranquilízate! No ha pasado nada.	Beruhig dich! Es ist nichts geschehen.

impresionar	beeindrucken; bewegen
la **impresión**	Eindruck
atraer	anziehen
La música atrajo al público.	Die Musik zog das Publikum an.
el **estímulo**	Reiz; Ansporn

encantar	erfreuen; begeistern; verzaubern
entusiasmar	begeistern
entusiasmarse	sich begeistern
Mi mujer **se entusiasma con** el fútbol.	Meine Frau begeistert sich für Fußball.
emocionarse	gerührt sein

emocionante	spannend; aufregend
apasionarse	sich (leidenschaftlich) begeistern
la **pasión**	Leidenschaft; Leiden

asustarse	erschrecken; verschrecken
el **susto**	Schreck
intranquilo, a	beunruhigt; unruhig
la **angustia**	Angst, Beklemmung
el **disgusto**	Ärger; Kummer; Verdruss

soportar	erdulden; ertragen
la **preocupación**	Sorge; Besorgnis
el **suspiro**	Seufzer
Juan **dio un suspiro** al encontrar la cartera.	Juan seufzte, als er seine Brieftasche wiederfand.
desesperado, a	verzweifelt
desilusionado, a	enttäuscht

fastidiar	ärgern; stören
la **rabia**	Wut
el **rencor**	Groll
Margarita no **guarda rencor**.	Margarita hegt keinen Groll.
tener celos	eifersüchtig sein

quejarse	stöhnen; sich beklagen
en ningún caso	auf keinen Fall
¡Basta!	Es reicht!, Genug!, Schluss damit!
al **contrario**	im Gegenteil
¡Qué va!	Ach was!, Stimmt nicht!

rogar	bitten, inständig bitten
Le ruego que baje un poco la tele porque no me deja dormir.	Ich bitte Sie inständig, Ihren Fernseher leiser zu stellen, weil ich sonst nicht schlafen kann.
el **deseo**	Wunsch
enhorabuena	Glückwunsch
Enhorabuena por tu éxito en los exámenes.	Meinen Glückwunsch zu deinen bestandenen Prüfungen.
solicitar	erbitten; beantragen
la **petición**	Bitte; Anliegen
Hemos presentado una petición al alcalde.	Wir haben dem Bürgermeister eine Bittschrift vorgelegt.
¡Socorro!	Hilfe!

preciso, a	nötig
exigir	fordern, verlangen
pretender	beanspruchen, fordern
la **afirmación**	Behauptung; Bestätigung

afirmar	bestätigen; behaupten
seducir	verführen
No me dejo **seducir por** los anuncios.	Ich lasse mich nicht von der Werbung verführen.
la **confirmación**	Bestätigung
garantizar	versichern; zusichern; garantieren
la **regla**	Regel
la **excepción**	Ausnahme
La excepción confirma la regla.	Ausnahmen bestätigen die Regel.
la **norma**	Norm, Regel

4.2 Denken

pensar	denken
pensar en alguien	an jdn denken
el **pensamiento**	Gedanke; Sinn
concentrarse	sich konzentrieren
saber	wissen; erfahren; können
Ayer supe que venías.	Gestern erfuhr ich, dass du kommst.
No sé ruso.	Ich kann kein Russisch.
creer	glauben
fiarse	vertrauen; sich verlassen
¿Es que no **te fías de** nosotros?	Traust du uns etwa nicht?
entender	verstehen
comprender	verstehen; begreifen
No he comprendido su explicación.	Ich habe ihre Erklärung nicht begriffen.
darse cuenta	etw. bemerken
No **se ha dado cuenta de** que soy extranjera.	Er hat nicht bemerkt, dass ich Ausländerin bin.
la **razón**	Vernunft; Verstand
Tiene usted razón.	Sie haben Recht.
reconocer	anerkennen; wiedererkennen
No la reconozco.	Ich erkenne sie nicht wieder.

---

decidir	entscheiden; beschließen
resolver	lösen

---

imaginarse	sich vorstellen
inventar	erfinden; sich ausdenken
recordar	sich erinnern an
acordarse	sich erinnern
olvidar	vergessen
olvidarse	vergessen
dudar	zweifeln; unschlüssig sein
Dudo que venga.	Ich bezweifle, dass er/sie kommt.

la **duda**	Zweifel
equivocarse	sich irren, sich täuschen
Se ha equivocado de número.	Sie haben sich verwählt.
reflexionar	nachdenken; überlegen
la **lógica**	Logik
Lo que dices no **tiene lógica**.	Das, was du sagst, ist nicht logisch.
lógico, a	logisch
suponer	annehmen; vermuten
comparar	vergleichen
la **comparación**	Vergleich
Toda comparación es odiosa.	Alle Vergleiche hinken.
la **previsión**	Vorhersage; Voraussicht
¿Has oído la previsión del tiempo para mañana?	Hast du die Wettervorhersage für morgen gehört?
el **invento**	Erfindung
la **idea**	Idee
la **imaginación**	Phantasie, Einbildungskraft
confundirse	sich irren
Disculpe, **me he confundido de** habitación.	Entschuldigen Sie, ich habe mich im Zimmer geirrt.
la **equivocación**	Irrtum

4.3 Charakter, Verhalten

el **carácter**	Charakter
bueno, a	gut
malo, a	ungezogen, unartig
la **malicia**	Böswilligkeit, List
simpático, a	nett; freundlich
¡Qué simpática!	Ach, wie nett!
amable	freundlich; zuvorkommend
la **amabilidad**	Freundlichkeit
sensible	empfindlich, sensibel
cariñoso, a	zärtlich; liebevoll; zutraulich
alegre	lustig; fröhlich
divertido, a	lustig; vergnügt; amüsant
el **humor**	Humor
Paco **tiene sentido del humor**.	Paco hat Sinn für Humor.
gracioso, a	witzig; lustig
la **gracia**	Witz; Grazie
Este chiste **no tiene ninguna gracia**.	Dieser Witz ist gar nicht lustig.
(el, la) humorista	Komiker(in)

aburrido, a	langweilig
curioso, a	neugierig
la **curiosidad**	Neugier, Neugierde
Tengo curiosidad por conocer a Luisa.	Ich bin gespannt darauf, Luisa kennen zu lernen.

ser listo, a	klug sein
tonto, a	dumm, doof
la **tontería**	Dummheit; Lappalie
tímido, a	schüchtern
serio, a	ernst; vertrauenswürdig
correcto, a	höflich; korrekt; makellos
puntual	pünktlich
Sé puntual.	Sei pünktlich.

activo, a	lebendig; aktiv
perezoso, a	faul; träge
bruto, a	grob; ungehobelt; dumm
¡Qué bruto!	Wie dumm!
el **asco**	Ekel
furioso, a	wütend
amenazar	drohen; bedrohen
violento, a	gewalttätig; aufbrausend; peinlich
cruel	grausam

el **comportamiento**	Verhalten, Benehmen
comportarse	sich verhalten, sich benehmen
la **característica**	Merkmal
la **personalidad**	Persönlichkeit
individual	individuell, persönlich
la **mentalidad**	Mentalität
la **costumbre**	Gewohnheit
acostumbrarse	sich gewöhnen
habitual	üblich
la **conducta**	Führung; Benehmen; Verhalten
El preso **fue puesto en libertad** por buena conducta.	Der Häftling wurde wegen guter Führung entlassen.
la **actitud**	Einstellung; Verhalten; Haltung
portarse	sich benehmen; sich verhalten
Antonio **se portó** muy bien **con** nosotros.	Antonio hat sich uns gegenüber sehr nett benommen.
la **reacción**	Verhalten; Reaktion

intentar	versuchen
la **intención**	Absicht; Vorsatz
Ha sido **sin mala intención**.	Es war keine böse Absicht.
realizar	machen; verwirklichen
conseguir	erreichen; gelingen; bekommen
alcanzar	(etwas) erreichen
esperar	warten; hoffen

crear	schaffen; erschaffen; kreieren
el **interés**	Interesse
Pablo **tiene interés en** hablar con Luis.	Pablo ist daran interessiert, mit Luis zu sprechen.
interesarse	sich interessieren; Anteilnahme zeigen
mantener	er-, unterhalten

reaccionar	reagieren
demostrar	zeigen; beweisen
el **éxito**	Erfolg
tener éxito.	erfolgreich sein, Erfolg haben
respetar	respektieren, achten
la **atención**	Aufmerksamkeit
insistir	darauf bestehen; nachhaken
Insista en la llamada, por favor.	Bitte, versuchen Sie weiterhin anzurufen.
preocuparse	sich kümmern; sich sorgen
acoger	aufnehmen, empfangen
responsable	verantwortlich
Usted **se hace responsable de** lo que pase.	Sie sind verantwortlich für das, was geschehen kann.
evitar	vermeiden

el **defecto**	Fehler
hacer faltas	Fehler machen
Cuando hablo deprisa hago faltas.	Wenn ich schnell spreche, mache ich Fehler.
fracasar	scheitern
estropear	beschädigen

ofender	beleidigen
burlar	täuschen; an der Nase herumführen
burlarse	sich lustig machen
¿Te estás **burlando de** mí?	Machst du dich über mich lustig?
vengarse	sich rächen
abusar	missbrauchen; ausnützen
aprovecharse	ausnutzen; sich zunutze machen
irresponsable	unverantwortlich

el **abandono**	Schlamperei
abandonar	aufgeben; verlassen
el **crimen**	Verbrechen
Es un crimen que se abandonen animales cuando ya no se quieren.	Es ist ein Verbrechen, dass man Tiere aussetzt, wenn man sie nicht mehr haben möchte.
cometer	begehen
el **ladrón**, la **ladrona**	Dieb(in)

el **robo**	Diebstahl
robar	stehlen
asaltar	überfallen
el **asalto**	Überfall
devolver	wieder-, zurückgeben
matar	töten
el **contrabando**	Schmuggel
Actualmente se está haciendo mucho contrabando de drogas.	Zur Zeit werden viele Drogen geschmuggelt.
clandestino, a	heimlich
xenófobo	fremdenfeindlich
la **xenofobia**	Fremdenfreindlichkeit

---

educado, a	wohlerzogen
fino	fein, elegant
honesto, a	anständig
honrado, a	ehrlich; anständig; ehrbar
justo, a	gerecht
sincero, a	aufrichtig; ehrlich
atento, a	aufmerksam; zuvorkommend
prudente	vorsichtig; klug
ambicioso, a	ehrgeizig

---

valiente	mutig, tapfer
callado, a	ruhig, still
Rosa es muy callada.	Rosa ist sehr ruhig.
romántico, a	romantisch
orgulloso, a	stolz
Estoy orgulloso de ti.	Ich bin stolz auf dich.
optimista	optimistisch
pesimista	pessimistisch
realista	realistisch
severo, a	streng

---

agresivo, a	feindselig, aggressiv
La gente **se vuelve agresiva** al volante.	Am Steuer werden viele Menschen aggressiv.
avaro, a	habsüchtig, geizig
insoportable	unausstehlich; unerträglich
el, la **sinvergüenza**	unverschämte Person
fresco, a	frech; unverschämt
¡Ese tío es un fresco!	Dieser Typ ist unverschämt!
terco, a	starrköpfig; trotzig
vulgar	ordinär, vulgär
vengativo, a	rachsüchtig
el, la **cobarde**	Feigling
cobarde	feige
¡Qué cobardes sois!	Ihr seid aber feige!

---

confiado, a	vertrauensvoll; vertrauensselig
informal	unzuverlässig; formlos

Me fastidia la gente informal.	Unzuverlässige Leute ärgern mich.
despistado, a	zerstreut
vago, a	faul; träge
abandonado, a	nachlässig; schlampig; verlassen
desordenado, a	durcheinander; unordentlich
Eres muy desordenado.	Du bist sehr unordentlich.

la **calma**	Ruhe
indiferente	gleichgültig
espontáneo, a	spontan
fijarse	sich festlegen; Acht geben
¿**Te has fijado en** el sombrero que lleva la señora?	Hast du den Hut gesehen, den die Frau trägt?
imitar	nachahmen
confundir	verwechseln
Casimiro confundió la marcha atrás con la primera.	Casimiro hat den Rückwärtsgang mit dem ersten Gang verwechselt.

aprovechar	nutzen; ausnutzen
Juan aprovecha todo a fondo.	Juan nützt alles gründlich aus.
la **oportunidad**	Gelegenheit
interesado, a	interessiert; habsüchtig
Luisa **está interesada en** comprar el piso.	Luisa ist daran interessiert, die Wohnung zu kaufen.
Es un tipo muy interesado. Sólo quiere ganar dinero.	Er ist ein sehr egoistischer Kerl. Er will nur Geld verdienen.
interesar	interessieren

la **voluntad**	Wille
esforzarse	sich anstrengen, sich bemühen
procurar	versuchen
lograr	etwas erreichen; gelingen
el **fracaso**	Misserfolg; Fehlschlag; Fiasko

la **responsabilidad**	Verantwortung
la **fidelidad**	Treue; Ehrlichkeit; Zuverlässigkeit
obedecer	gehorchen
el **pretexto**	Vorwand
la **moral**	Moral

insultar	beschimpfen; beleidigen
la **ofensa**	Beleidigung; Kränkung
la **amenaza**	Drohung; Bedrohung
la **venganza**	Rache
el **abuso**	Missbrauch
Se **acusa** al ministro **de** abuso de poder.	Der Minister wird des Amtsmissbrauches beschuldigt.

abusar (de)	missbrauchen, vergewaltigen

ilegal	illegal
el, la **delincuente**	Verbrecher(in)
el **delito**	Straftat, Delikt
la **violencia**	Gewalt
asesinar	ermorden, töten
García Lorca fue asesinado.	García Lorca wurde ermordet.
el **asesino**, la **asesina**	Mörder(in)
el **asesinato**	Mord
el **homicidio**	Totschlag; Tötung
El conductor cometió un homicidio.	Der Fahrer hat Totschlag begangen.
estafar	betrügen
el **atentado**	Attentat
violar	vergewaltigen
espantoso, a	entsetzlich, grauenhaft
¡Qué espantoso!	Wie entsetzlich!

4.4 Fähigkeiten und Redetätigkeiten des Menschen

poder	dürfen; können
¿No puede darnos más información?	Können Sie uns keine weitere Information geben?
la **competencia**	Kompetenz; Zuständigkeit
Este asunto no **es de su competencia**.	Für diese Angelegenheit ist sie nicht zuständig.
inteligente	intelligent, klug
capaz de	fähig zu
Corín es capaz de nadar dos horas **sin parar**.	Corín ist fähig, zwei Stunden lang durchzuschwimmen.
hábil	geschickt; begabt
diplomático, a	diplomatisch
planear	planen
¿Ya habéis planeado las vacaciones?	Habt ihr schon euren Urlaub geplant?

ordenado, a	ordentlich
dinámico, a	dynamisch
formal	zuverlässig; seriös
franco, a	ehrlich
Para ser franco, no sé cómo **me he olvidado de** tu santo.	Um ehrlich zu sein, ich weiß nicht, wie ich deinen Namenstag vergessen konnte.

impedir	verhindern, vermeiden
decidirse	sich entschließen; sich entscheiden

Me he decidido a estudiar Medicina.	Ich habe mich entschlossen, Medizin zu studieren.
comprometerse	sich in eine Sache (mit) hineinziehen lassen
decidido, a	entschlossen; tatkräftig
comprometer	hineinziehen, involvieren
indeciso, a	unentschlossen
considerado, a	besonnen, überlegt; einsichtig
comprensivo, a	verständnisvoll

objetivo, a	objektiv, sachlich; unvoreingenommen
imparcial	unvoreingenommen, unparteiisch
generoso, a	großzügig
convencer	überzeugen
convencido, a	überzeugt
Miguel **está convencido de** que tiene razón.	Miguel ist überzeugt, dass er Recht hat.

hablar	sprechen, reden
decir	sagen
¿Diga?	Hallo, wer spricht? (am Telefon)
la **palabra**	Wort
la **frase**	Satz
repetir	wiederholen
¿Puede repetir su pregunta más despacio?	Können Sie Ihre Frage langsamer wiederholen?
añadir	ergänzen
expresar	ausdrücken; äußern
charlar	plaudern; (sich) unterhalten
la **charla**	Plauderei; Vortrag; Gesprächsrunde
Las charlas en la televisión me aburren.	Die Talk-Shows im Fernsehen langweilen mich.
conversar	sich unterhalten; sprechen
la **conversación**	Unterhaltung, Gespräch

llamar	rufen
gritar	schreien; anschreien
el **grito**	Schrei, Ruf
Esmeralda **habla a gritos**.	Esmeralda schreit.
chillar	schreien; kreischen
la **voz**	Stimme
alto, a	laut
No **hables tan alto**, te oigo muy bien.	Rede nicht so laut, ich verstehe dich sehr gut.
bajo, a	leise
Hablad más bajo, que los niños están durmiendo.	Sprecht leiser, die Kinder schlafen.

la **noticia**	Nachricht
reciente	neu(artig)

informar	informieren; benachrichtigen
informarse	sich erkundigen, sich informieren
la **información**	Auskunft, Information

el **asunto**	Angelegenheit
proponer	vorschlagen
el **caso**	Fall; Umstand
El caso es que mañana no tengo tiempo.	Die Sache ist nämlich, dass ich morgen nicht kann.
es decir	das heißt, also
Es decir, que no venís.	Das heißt, ihr kommt nicht mit.
anunciar	ankündigen
Ya están anunciando la salida del vuelo.	Der Flug wird schon aufgerufen.
indicar	hinweisen; zeigen; sagen
¿Me puede indicar la combinación más rápida a Sevilla?	Können Sie mir die schnellste Verbindung nach Sevilla sagen?
avisar	Bescheid sagen, benachrichtigen, verständigen; warnen
Por favor, avíseme cuando lleguemos a la Plaza de Catalunya.	Sagen Sie mir bitte Bescheid, wenn wir an der Plaza de Catalunya ankommen.

recomendar	empfehlen
¿Qué restaurante me puede recomendar?	Welches Restaurant können Sie mir empfehlen?
explicar	erklären
la **explicación**	Erklärung
es que	es ist so, … (Einleitung einer Begründung)
describir	beschreiben
el **comentario**	Kommentar
comentar	kommentieren; erläutern

la **pregunta**	Frage
preguntar	fragen
¿Puedo preguntarle una cosa?	Darf ich Sie etwas fragen?
la **respuesta**	Antwort
responder	antworten
contestar	antworten, beantworten

disculpar	entschuldigen
Disculpe, ¿está libre este asiento?	Entschuldigen Sie, ist dieser Platz frei?
disculparse	sich entschuldigen
perdonar	verzeihen

sentir	mitfühlen; bedauern
Lo siento mucho.	Es tut mir sehr Leid.
desgraciadamente	unglücklicherweise, leider
¡Qué lástima!	Wie schade!
sí	ja
estar de acuerdo	zustimmen; einverstanden sein
¿De acuerdo?	Sind wir uns einig?
aceptar	annehmen; billigen; akzeptieren
Aquí no aceptan tarjetas de crédito.	Hier werden Kreditkarten nicht angenommen.
conceder	gewähren, verleihen
está bien	schon gut, (es ist) gut, in Ordnung
¡Vale!	In Ordnung!, O. K.!, Einverstanden!
por supuesto	selbstverständlich, natürlich
claro	klar, sicher
¿Te vienes con nosotros? – **Claro que** voy. ¿Estáis de acuerdo?	Kommst du mit uns? – Na klar gehe ich mit. Seid ihr einverstanden?
– ¡**Claro que** no!	– Natürlich nicht!
¡Venga!	In Ordnung! O.K.!
no	nein, nicht
rechazar	ablehnen, ab-, zurückweisen
nada	nichts
¿Desea algo más?	Möchten Sie noch etwas?
– No, nada más. Es todo.	– Nein, nichts mehr. Das ist alles.
de ninguna manera	keineswegs, durchaus nicht
al revés	umgekehrt
prohibir	verbieten
prohibido, a	verboten
en contra de	gegen
renunciar	verzichten
permitir	erlauben; dulden
¿Me permite pasar?	Darf ich vorbei?
el **permiso**	Erlaubnis
Con su permiso.	Erlauben Sie!
dejar	lassen
¡Déjame en paz!	Lass mich in Frieden!
necesitar	benötigen, brauchen
pedir	bitten
deber	sollen; müssen
¡Vamos!, ¡Vámonos!	Kommt schon!; Lasst uns gehen!
¡Fuera!	Raus!
¡Cuidado!	Vorsicht!

¡Cuidado! ¡No **te quemes con** la vela!	Vorsicht! Verbrenn dich nicht an der Kerze!
¡Ojo!	Vorsicht!, Aufgepasst!
¡Ojo con los bolsos! En esta calle hay muchos rateros.	Passt auf die Handtaschen auf! In dieser Straße gibt es viele Taschendiebe.

---

querer	wollen; begehren
¿Qué quieres?	Was willst du?
desear	wünschen
Le deseo mucha suerte.	Ich wünsche Ihnen viel Glück.
(las) **felicidades**	Glückwünsche
Te deseo muchas **felicidades por** tu cumpleaños.	Meinen herzlichen Glückwunsch zum Geburtstag.
felicitar	beglückwünschen, gratulieren

---

confirmar	bestätigen
Quiero confirmar mi vuelo de regreso.	Ich möchte meinen Rückflug bestätigen.
exacto, a	genau; richtig
cierto, a	wahr; gewiss, sicher
asegurar	versichern; zusichern
¡Así es!	Stimmt!, Richtig!, So ist es!
desde luego	natürlich
de todos modos	auf alle Fälle, jedenfalls

¿verdad?	nicht wahr?
Me has comprendido, ¿verdad? – ¡Claro que sí!	Du hast mich verstanden, nicht wahr? – Natürlich!
quizá(s)	vielleicht
Quizás venga Rafael pronto del trabajo.	Vielleicht kommt Rafael bald von der Arbeit.
ojalá	hoffentlich
por cierto	übrigens
a propósito	übrigens, nebenbei (gesagt)
a ver	mal sehen, mal schauen; also
igual	gleich(gültig)
Me es igual.	Das ist mir gleich.
igualmente	gleichfalls, ebenso

---

es que	nämlich; einfach; es ist so
en fin	nun ja, na ja; schließlich
¡Vaya!	Na so was!, Ach, Mensch!
¡Vaya! ¡**Qué mala suerte** tienes!	Ach, Mensch! Du hast wirklich Pech!
¡Qué lío!	Was für ein Durcheinander!
por decirlo así	sozusagen
o sea	also; das heißt; mit anderen Worten
pues	nun, dann, so, also

¿Has terminado el trabajo? ¡Pues vámonos!	Bist du mit der Arbeit fertig? Dann lass uns gehen!
entonces	dann

la **inteligencia**	Verstand; Klugheit; Intelligenz
No es cuestión de inteligencia.	Es ist keine Frage des Verstandes.
intelectual	intellektuell; geistig
razonable	vernünftig; angemessen
genial	genial

competente	sachkundig, kompetent; zuständig
la **decisión**	Entscheidung, Entschluss
procurar	besorgen; versuchen
atreverse	es wagen
la **paciencia**	Geduld
Las enfermeras tienen que tener mucha paciencia con algunos enfermos.	Krankenschwestern müssen viel Geduld mit einigen Kranken haben.
la **impaciencia**	Ungeduld
Tu impaciencia no nos **ayuda a** resolver este problema.	Deine Ungeduld hilft uns nicht, dieses Problem zu lösen.

resistir	aushalten; erdulden; ertragen
luchador(a)	kämpferisch
Analisa **se abrirá paso** porque es muy luchadora.	Analisa wird sich durchsetzen, weil sie eine sehr kämpferische Natur ist.
astuto, a	schlau
distraído, a	zerstreut; geistesabwesend
Estáis muy distraídos hoy, ¿qué os pasa?	Was ist mit euch los? Ihr seid heute sehr zerstreut.
tacaño, a	knauserig, geizig
la **ignorancia**	Unwissenheit, Unkenntnis; Ignoranz
ignorante	unwissend; dumm

pronunciar	aussprechen
el **discurso**	Rede
la **discusión**	Diskussion; Streitgespräch
discutir	diskutieren; streiten

el **acento**	Akzent
el **lenguaje**	Sprache, Sprechweise
la **expresión**	Ausdruck
referirse a	sich beziehen auf
callarse	schweigen

maldecir	lästern; fluchen

¡Maldita sea!	Verdammt noch mal!
justificar	rechtfertigen
declarar	erklären; bekannt geben
la **declaración**	Erklärung; Aussage
el **dato**	Angabe
etcétera	und so weiter

el **informe**	Bericht
la **novedad**	Neuigkeit
comunicar	mitteilen
Me han comunicado que hay huelga de taxistas.	Man hat mir mitgeteilt, dass die Taxifahrer streiken.
el **mensaje**	Mitteilung, Nachricht
Asunción me envió un mensaje por correo electrónnico.	Asunción hat mir eine Nachricht per E-Mail geschickt.
el **aviso**	Benachrichtigung, Mitteilung
¿Cuándo ha llegado el aviso de correos?	Wann ist die Benachrichtigung der Post angekommen?
enterarse	erfahren, Kenntnis erhalten
el **detalle**	Einzelheit

aconsejar	raten, empfehlen; beraten
¿Qué me aconsejáis?	Was empfehlt ihr mir?
el **consejo**	Ratschlag, Rat
la **recomendación**	Empfehlung
consultar	um Rat fragen; zu Rate ziehen
Consulta esa cuestión con tu abogado.	In dieser Angelegenheit solltest du deinen Rechtsanwalt um Rat fragen.

(el) **perdón**	Entschuldigung, Verzeihung
la **disculpa**	Entschuldigung; Ausrede
¡Qué pena!	Schade!, Wie schade!

conforme	einverstanden
la **aprobación**	Billigung; Zustimmung
aprobar	billigen; einverstanden sein

reconocer	zugeben; anerkennen
consistir	bestehen
¿En qué **consiste** el problema?	Worin besteht das Problem?
evidente	offensichtlich
legalizar	legalisieren

negar	leugnen, abstreiten; verneinen
negarse	sich weigern
hacer reproches	Vorwürfe machen; tadeln
ni siquiera	nicht einmal
la **prohibición**	Verbot
contradecir	widersprechen
No me contradigas porque sabes que tengo razón.	Widersprich mir nicht, denn du weißt, dass ich Recht habe.

5 Einkaufen, Ernährung, Kleidung

5.1 Einkaufen

ir de compras	einkaufen gehen
Nos vamos de compras al centro comercial.	Wir gehen ins Einkaufszentrum einkaufen.
comprar	kaufen
vender	verkaufen
¿Vende pescado?	Verkaufen Sie Fisch?
pagar	bezahlen
Pago **en metálico**.	Ich bezahle bar.
la **caja**	Kasse
el **precio**	Preis
la **ocasión**	(Sonder-) Angebot
¿cuánto?	wie viel?
caro, a	teuer
barato, a	preiswert
¿**A cuánto están** las gambas? – Hoy están muy **baratas**.	Wie viel kosten die Krabben? – Heute sind sie sehr günstig.
abierto, a	geöffnet
cerrado, a	geschlossen
el **supermercado**	Supermarkt
Este supermercado no cierra al mediodía.	Dieser Supermarkt schließt nicht am Mittag.
el **hipermercado**	Verbrauchermarkt
la **tienda**	Laden, Geschäft
En España muchas tiendas abren de nueve a dos y de cinco a ocho de la tarde.	In Spanien haben viele Geschäfte von 9 bis 14 Uhr und von 17 bis 20 Uhr geöffnet.
el **mercado**	Markt
Voy al mercado a comprar la verdura.	Ich gehe auf den Markt, um Gemüse einzukaufen.
la **panadería**	Bäckerei
la **carnicería**	Metzgerei
la **verdulería**	Obst- und Gemüseladen
la **pescadería**	Fischgeschäft
la **bodega**	Weinhandlung
el **estanco**	Tabakwarenladen
los **(grandes) almacenes**	Kaufhaus
la **zapatería**	Schuhgeschäft
el **escaparate**	Schaufenster
la **botella**	Flasche
el **paquete**	Paket
la **tableta de chocolate**	Tafel Schokolade
la **caja**	Kiste
Luis me regaló una caja de cava.	Luis hat mir eine Kiste spanischen Sekt geschenkt.
desear	wünschen

¿Qué desea usted?	Was wünschen Sie?
el, la **cliente**	Kunde, Kundin
costar	kosten
probarse	anprobieren
¿Quiere probárselo?	Möchten Sie es anprobieren?
estar bien/mal	gut/schlecht stehen

la **talla**	Konfektionsgröße
largo, a	lang
El pantalón **me está** largo.	Die Hose ist mir zu lang.
corto, a	kurz
La falda **te viene** corta.	Der Rock ist zu kurz für dich.
estrecho, a	eng; klein
ancho, a	weit; groß
el **probador**	Umkleidekabine
caber	passen; sitzen
sentar bien/mal	gut/schlecht stehen; gut/schlecht sitzen
bonito, a	hübsch
demasiado, a	zu viel; zu sehr

la **compra**	Einkauf
¿Ya has hecho tus compras?	Hast du deine Einkäufe schon erledigt?
la **sección**	Abteilung
el **turno**	Reihe(nfolge)
¿**Le toca el turno** a usted?	Sind Sie an der Reihe?
el **autoservicio**	Selbstbedienung
el **carrito**	Einkaufswagen
Mi hija **se sube al** carrito.	Meine Tochter steigt in den Einkaufswagen.
la **cesta**	Korb
la **variedad**	Vielfalt

la **conserva**	Konserve
el **bote**	(Getränke-) Dose; Büchse
la **lata**	Konservendose

el **cuello**	Kragen
¿Qué ancho de cuello tiene?	Welche Kragenweite haben Sie?
la **manga**	Ärmel
En verano no llevo camisas **de manga larga**.	Im Sommer trage ich keine langärmeligen Hemden.
calzar	(Schuhe) anziehen/tragen
el **calzado**	Schuhwerk
el **tacón**	Absatz

5.2 Essen und Trinken

comer	essen
¿Quiere comer algo?	Möchten Sie etwas essen?
gustar	schmecken; mögen
el **hambre** *f*	Hunger

el **desayuno**	Frühstück
desayunar	frühstücken
Sólo desayunan el **café bebido**.	Sie trinken nur Kaffee zum Frühstück.
almorzar	das zweite Frühstück einnehmen; zu Mittag essen
¿A qué hora almuerzas?	Um wie viel Uhr isst du zu Mittag?
el **almuerzo**	zweites Frühstück; Mittagessen
la **comida**	Essen; Mahlzeit; Mittagessen
Según la región el almuerzo es la comida o el segundo desayuno.	Je nach Region ist *almuerzo* das Mittagessen oder das zweite Frühstück.
la **cena**	Abendessen
cenar	zu Abend essen

el **mantel**	Tischdecke
la **servilleta**	Serviette
el **vaso**	Glas
la **taza**	Tasse
el **plato**	Teller

el **cubierto**	Besteck; Gedeck
el **cuchillo**	Messer
el **tenedor**	Gabel
la **cuchara**	Löffel
La paella típica se come con cuchara de madera.	Die typische Paella isst man mit einem Holzlöffel.
la **cucharilla**	Teelöffel

beber	trinken
la **sed**	Durst
Estoy muerta de sed.	Ich verdurste.
la **bebida**	Getränk
el **agua mineral** *f*	Mineralwasser
Tráiganos un agua mineral con gas y otra sin gas.	Bringen Sie uns bitte ein Mineralwasser mit Kohlensäure und eines ohne.
el **zumo**	Saft
¿Tiene zumo de naranja natural?	Haben Sie frisch gepressten Orangensaft?
el **jugo**	Saft
En Hispanoamérica el zumo se llama *jugo*.	In Hispanoamerika heißt Saft *jugo*.

el **café**	Kaffee; Espresso
Déme un **café con leche**.	Geben Sie mir bitte einen Milchkaffee.
el **cortado**	Espresso mit Milch
Póngame un cortado.	Machen Sie mir bitte einen Espresso mit Milch.
el **té**	Tee
la **leche**	Milch
el **chocolate**	heiße Schokolade; Schokolade

la **copa**	alkoholisches Getränk
¿Vamos de copas?	Machen wir einen Kneipenbummel?
la **cerveza**	Bier
el **vino**	Wein
el **jerez**	Sherry
suave	mild; lieblich
seco, a	trocken
semiseco, a	halbtrocken

tomar(se)	zu sich nehmen; trinken; essen
comer(se)	(auf)essen
masticar	kauen
el **palillo de dientes**	Zahnstocher

el **alimento**	Nahrung
alimentarse	sich ernähren
el **apetito**	Appetit

descafeinado, a	entkoffeiniert
la **infusión**	Kräutertee
el **refresco**	Erfrischungsgetränk
refrescante	erfrischend
refrescar	erfrischen
la **naranjada**	Orangenlimonade
la **limonada**	Zitronenlimonade
¿Tiene azúcar la limonada?	Enthält die Zitronenlimonade Zucker?
la **gaseosa**	süßer Sprudel
La gaseosa con vino tinto es agradable en verano.	Süßer Sprudel mit Rotwein ist im Sommer sehr erfrischend.
la **horchata**	Erdmandelmilch *(typische Erfrischung aus Valencia)*
la **merienda**	Nachmittagsmahlzeit; Vesper

el **brandy**	Weinbrand, Kognak
el **licor**	Likör
el **cava**	Sekt
El cava catalán **es riquísimo**.	Katalanischer Sekt schmeckt vorzüglich.

la **caña**	Glas Bier; Fassbier
el **carajillo**	Espresso mit einem Schuss *(z. B. Kognak)*
la **sangría**	Sangria *(spanische Rotweinbowle)*
el **ron**	Rum

5.3 Lebensmittel und Kochen

el **pan**	Brot
Me gusta el pan **recién hecho**.	Ich mag frisches Brot.
el **pan de molde**	Toast-, Kastenbrot
la **barra de pan**	Baguette
el **pan integral**	Vollkornbrot
la **harina**	Mehl
la **harina de trigo**	Weizenmehl
la **mantequilla**	Butter
la **mermelada**	Marmelade, Konfitüre

el **huevo**	Ei
¿Quieres un **huevo duro**? – No, lo quiero **pasado por agua**.	Möchtest du ein hart gekochtes Ei? – Nein, ich möchte ein weich gekochtes.
el **queso**	Käse
el **embutido**	Wurstwaren
el **jamón**	Schinken
El **jamón serrano** es más caro que el **jamón york**.	Luftgetrockneter Schinken ist teurer als gekochter Schinken.

la **carne**	Fleisch
el **bistec**	Steak
el **filete**	Filet
el **pollo**	Hähnchen

el **pescado**	Fisch
el **atún**	Thunfisch
la **sardina**	Sardine
el **marisco**	Meeresfrüchte
la **gamba**	(große) Krabbe
Me gustan las **gambas a la plancha**.	Ich mag gegrillte Krabben.
fresco, a	frisch; kühl

la **verdura**	Gemüse
el **tomate**	Tomate
la **ensalada**	Salat
la **patata**	Kartoffel
las **patatas fritas**	Pommes frites; Kartoffelchips
la **papa**	Kartoffel
Las patatas se llaman en Andalucía, Canarias e Hispanoamérica *papas*.	Kartoffeln werden in Andalusien, auf den Kanaren und in Hispanoamerika *papas* genannt.

el **arroz**	Reis
el **azúcar**	Zucker
la **sal**	Salz
¿Tiene **sal de mar**?	Haben Sie Meersalz?
el **aceite**	Öl
el **pastel**	Kuchen
el **caramelo**	Bonbon; Lutscher
el **helado**	Speiseeis, Eiskrem
la **fruta**	Obst
el **limón**	Zitrone
la **naranja**	Apfelsine
la **manzana**	Apfel
pelar	schälen
la **pera**	Birne
La **pera de agua** está muy madura.	Die Saftbirne ist sehr reif.
el **melocotón**	Pfirsich
la **uva**	Weintraube; Weinbeere
el **melón**	Honigmelone
el **plátano**	Banane
la **ciruela**	Pflaume
el **albaricoque**	Aprikose
la **cereza**	Kirsche
la **fresa**	Erdbeere
la **sandía**	Wassermelone
la **piña**	Ananas
cocinar	kochen
echar	werfen; hinzufügen
preparar	zubereiten
guisar	kochen
freír	braten
frito, a	gebraten
mezclar	mischen
cortar	schneiden
la **rebanada**	Scheibe (Brot)
probar	probieren; abschmecken
el **fuego**	Feuer
La paella se prepara **a fuego lento**.	Paella wird auf kleiner Flamme gekocht.
calentar	erhitzen; aufwärmen
caliente	warm; heiß
la **receta**	Kochrezept
la **sopa**	Suppe
el **gazpacho**	Gazpacho *(kalte Gemüsesuppe)*
El gazpacho se toma en verano.	Gazpacho wird im Sommer gegessen.

la **tortilla**	Omelett
típico, a	typisch
La tortilla de patata es típica de la cocina española.	Das Kartoffelomelett ist typisch für die spanische Küche.
la **paella**	Paella *(typisches span. Reisgericht)*
el **bocadillo**	belegtes Brötchen
la **mayonesa**	Mayonnaise
La mayonesa de ajo se llama *alioli*.	Die Mayonnaise mit Knoblauch heißt *alioli*.
la **ensaladilla rusa**	Kartoffelsalat *(mit Erbsen, Karotten, gekochten Eiern, Mayonnaise)*

cocer	kochen
el **cocido**	Kichererbseneintopf
Manolo hace un **cocido madrileño** estupendo.	Manolo macht einen wunderbaren Madrider Eintopf.
hervir	kochen
batir	schlagen
pegarse	anbrennen
quemar	verbrennen; anbrennen

el **salchichón**	(Dauer-, Hart-)Wurst, Salami
la **salchicha**	Würstchen
el **chorizo**	Paprikawurst

la **carne picada**	Hackfleisch
Déme **medio kilo de** carne picada.	Geben Sie mir bitte ein Pfund Hackfleisch.
la **chuleta**	Kotelett
asar	schmoren; braten
El **cochinillo asado** de Segovia es famoso.	Der Segovianer Spanferkelbraten ist berühmt.
a la plancha	auf dem Blech gegrillt, gebraten
el **asado**	Braten
muy hecho, a	durchgebraten
A Tomás **le gusta** el asado muy hecho.	Tomás mag den Braten „gut durch".
poco hecho, a	blutig
medio hecho, a	halb durchgebraten; medium
crudo, a	roh
tierno, a	zart
magro, a	mager
el **caldo**	(Fleisch-)Brühe
el **horno**	Backofen

el **salmón**	Lachs
el **lenguado**	Seezunge
el **mejillón**	Miesmuschel
Los mejillones se cocinan sin agua.	Miesmuscheln werden ohne Wasser gekocht.

la **merluza**	Seehecht
el **calamar**	Tintenfisch
¿Tiene calamares **a la romana?**	Haben Sie panierte Tintenfische?
la **cigala**	Kronenhummer
la **langosta**	Hummer
el **langostino**	Riesengarnele

la **pimienta**	Pfeffer
el **pimentón**	Paprika(pulver)
el **vinagre**	Essig
la **mostaza**	Senf
el **azafrán**	Safran

soso, a	fad
sabroso, a	schmackhaft
rico, a	lecker
picante	scharf gewürzt

el **panecillo**	Brötchen
el **bocata** *pop*	belegtes Brötchen
la **tostada**	Toast(brot); getoastetes Brot
duro, a	hart; zäh

las **pastas**	Teigwaren; Gebäck
la **miel**	Honig
la **galleta**	Keks; Waffel
el **bombón**	Praline
la **avellana**	Haselnuss
el **flan**	Karamelpudding
el **polo**	Eis am Stiel
la **nata**	Sahne
la **nata montada**	Schlagsahne

maduro, a	reif
verde	unreif; grün
exprimir	auspressen

las **judías** *pl*	Bohnen
el **espárrago**	Spargel
De primero hay sopa de espárragos.	Als ersten Gang gibt es eine Spargelsuppe.
el **guisante**	Erbse
el **garbanzo**	Kichererbse
el **maíz**	Mais
la **zanahoria**	Karotte, Möhre
el **pimiento**	Paprika(schote)
el **pepino**	Gurke
¿Tiene **pepinos naturales**?	Haben Sie Salatgurken?
la **lechuga**	Kopfsalat
la **alcachofa**	Artischocke

las **espinacas** *pl*	Spinat
la **col**	Kohl
la **coliflor**	Blumenkohl

la **cebolla**	Zwiebel
la **aceituna**	Olive
la **oliva**	Olive
¿Tiene aceitunas rellenas?	Haben Sie gefüllte Oliven?
el **ajo**	Knoblauch
He puesto tres dientes de ajo.	Ich habe drei Knoblauchzehen hineingetan.
el **perejil**	Petersilie
las **legumbres** *pl*	Hülsenfrüchte; Gemüse
transgénico	genmanipuliert

5.4 Im Lokal

el **restaurante**	Restaurant
el **bar**	Kneipe; Gaststätte
el **camarero**, la **camarera**	Ober/Kellner(in)
la **carta**	Speisekarte
la **lista de precios**	Preisliste
¡Que aproveche!	Guten Appetit!

servir	bedienen; servieren
tomar	zu sich nehmen
pedir	bestellen
la **cuenta**	Rechnung

el **menú**	Menü
el **plato**	Gang; Gericht
la **tapa**	kleiner Imbiss; Appetithäppchen
la **ración**	Portion
el **postre**	Nachtisch
Hay fruta **de postre**.	Zum Nachtisch gibt es Obst.
otro, a	ein(e) andere(r)
¿Quieres otro café?	Möchtest du noch einen Kaffee?
incluido, a	inbegriffen

la **cafetería**	Cafeteria
la **barra**	Theke
el **barman**	Barkeeper
la **jarra**	Kanne; Krug
Traiga otra jarra de cerveza.	Bringen Sie noch einen Krug Bier.
el **taburete**	Hocker; Barhocker
la **bandeja**	Tablett

favorito, a	Lieblings-

escoger	auswählen, aussuchen
el **aperitivo**	Aperitif
la **especialidad**	Spezialität
la **propina**	Trinkgeld

5.5 Kleidungsstücke

la **moda**	Mode
El verde **está de moda**.	Grün ist jetzt in Mode.
la **ropa**	Kleidung
la **calidad**	Qualität
llevar	tragen
ponerse	sich anziehen; sich aufsetzen
vestirse	sich anziehen, sich kleiden
desnudarse	sich ausziehen
quitarse	sich ausziehen
cambiarse	sich umziehen
Normalmente **nos cambiamos de ropa** todos los días.	In der Regel ziehen wir uns täglich um.

la **camisa**	Hemd
Busco una **camisa de manga corta**.	Ich suche ein kurzärmeliges Hemd.
la **blusa**	Bluse
el **jersey**	Pullover
el **suéter**	Pullover
el **pantalón**	Hose
En verano **vamos en pantalón corto**.	Im Sommer tragen wir kurze Hosen.
los **tejanos**	Jeans
la **falda**	Rock
Está de moda la **falda-pantalón**.	Hosenröcke sind in Mode.
el **pijama**	Schlafanzug
el **bañador**	Badeanzug; Badehose

el **vestido**	Kleid
la **chaqueta**	Jacke; Sakko
Tengo una **chaqueta de punto**.	Ich habe eine Strickjacke.
la **americana**	Sakko; Jackett
el **abrigo**	Mantel
el **traje**	Anzug
el **pañuelo**	Tuch; Kopftuch; Taschentuch
el **sombrero**	Hut
la **gorra**	Mütze
el **guante**	Handschuh
¿Tiene **guantes de piel**?	Führen Sie Lederhandschuhe?

el **calcetín**	Strumpf; Socke
la **media**	Nylonstrumpf
el **zapato**	Schuh

la **bota**	Stiefel
la **zapatilla**	Hausschuh; Leinenschuh
la **sandalia**	Sandale
Las sandalias con calcetines son horribles.	Sandalen mit Strümpfen sind furchtbar.
descalzo, a	barfuß
la **bufanda**	Wollschal
Se ha dejado la bufanda en el teatro.	Er hat den Schal im Theater liegen gelassen.
la **corbata**	Binder, Krawatte
elegante	elegant
el **impermeable**	Regenmantel
el **uniforme**	Uniform
el **calzoncillo**	Unterhose
la **braga**, las **bragas**	Schlüpfer, Unterhose
el **sujetador**	Büstenhalter
el **tirante**	Träger
el **camisón**	Nachthemd
la **camiseta**	Unterhemd; Sporthemd; Trikot

5.6 Reinigung und Pflege

la **lavandería**	Wäscherei
la **tintorería**	Reinigung
El traje lo limpian en la tintorería.	Der Anzug wird in der Reinigung gereinigt.
la **mancha**	Fleck
Esa mancha **no se quita**.	Dieser Fleck geht nicht raus.
lavar	waschen
la **lavadora**	Waschmaschine
planchar	bügeln
la **plancha**	Bügeleisen
la **percha**	Kleiderbügel
coser	nähen
el **botón**	Knopf
el **sastre**, la **sastresa**	Schneider(in)
Me he hecho un **traje sastre**.	Ich habe mir ein Kostüm genäht.
la **sastrería**	Schneiderei
el **modisto**, la **modista**	Damenschneider(in)
teñir	färben
lavable	waschbar
el **detergente**	Waschmittel
tender	aufhängen
la **secadora**	Wäschetrockner

la **pinza de la ropa**	Wäscheklammer

la **máquina de coser**	Nähmaschine
remendar	flicken
acortar	kürzen
Acórteme la falda diez centímetros.	Kürzen Sie mir den Rock um zehn Zentimeter.
el **hilo**	Faden
la **aguja**	Nadel

el **betún**	Schuhcreme
el **cordón**	Schnürsenkel
la **suela**	(Schuh-)Sohle
Póngame **medias suelas** y tacones.	Bitte neue Sohlen und Absätze.
el **tacón**	der (Schuh-) Absatz

5.7 Materialien und Eigenschaften

la **tela**	Stoff
el **algodón**	Baumwolle
la **lana**	Wolle
la **bufanda de lana**	Wollschal
la **seda**	Seide
el **terciopelo**	Samt
auténtico, a	echt
sintético, a	synthetisch
Esta chaqueta es de **fibra sintética**.	Diese Jacke ist aus Kunstfasern.
el **cuero**	Leder
Juan se ha comprado una **chaqueta de cuero**.	Juan hat sich eine Lederjacke gekauft.
la **piel**	Leder; Pelz
elástico, a	elastisch

el **tejido**	Stoff; Gewebe
la **fibra**	Faser
el **ante**	Wildleder
la **franela**	Flanell

grueso, a	dick
transparente	durchsichtig
delicado, a	empfindlich, fein

a rayas	gestreift
de lunares	gepunktet
a cuadros	kariert
liso, a	einfarbig
de colores	bunt

5.8 Schmuck und Zubehör

la **cadena**	Kette
el **collar**	Halskette, Kollier
el **reloj**	Uhr
la **pulsera**	Armband
el **reloj de pulsera**	Armbanduhr
valioso, a	wertvoll
el **pendiente**	Ohrring
Sólo **llevo** un pendiente.	Ich trage nur einen Ohrring.
el **anillo**	Ring
el **anillo de boda**	Ehering
el **broche**	Brosche
precioso, a	wunderschön; kostbar
la **perla**	Perle
¿Son **perlas naturales** o **cultivadas**?	Sind das echte oder Zuchtperlen?

---

artificial	künstlich
el **diamante**	Diamant
la **piedra**	Stein
el **oro**	Gold
la **plata**	Silber

---

las **gafas de sol**	Sonnenbrille
el **bolso**	Handtasche; Tasche
¡Me han robado el bolso!	Man hat mir die Handtasche gestohlen!
el **bolsillo**	Tasche
la **cartera**	Brieftasche
el **monedero**	Geldbeutel, Portmonee
el **cinturón**	Gürtel
Quiero un cinturón de cuero.	Ich möchte einen Ledergürtel.
el **paraguas**	Regenschirm

---

los **accesorios**	Accessoires
la **joya**	Schmuckstück
¿Dónde deposito las joyas?	Wo kann ich den Schmuck deponieren?
la **joyería**	Juweliergeschäft
la **relojería**	Uhrmacherei; Uhrengeschäft
el **bastón**	(Geh-)Stock

---

el **marfil**	Elfenbein
la **esmeralda**	Smaragd
el **brillante**	Brillant
plateado, a	silbern, versilbert
dorado, a	golden, vergoldet

6 Wohnen

6.1 Haus und Hausbau

construir	bauen
Están construyendo mucho.	Es wird viel gebaut.
el **arquitecto**, la **arquitecta**	Architekt(in)
el **plano de construcción**	Bauplan
el **cemento**	Zement
la **arena**	Sand
la **arquitectura**	Architektur
reformar	renovieren
Han reformado el piso.	Sie haben die Wohnung renoviert.
la **construcción**	Bau; Bauweise
el **solar**	Baugelände

el **edificio**	Gebäude
el **piso**	Stockwerk, Wohnung
Es un edificio de ocho pisos.	Das ist ein achtstöckiges Gebäude.
la **casa**	Haus
la **planta**	Stockwerk
En **la planta baja** se oye mucho ruido.	Im Erdgeschoss ist es sehr laut.
la **finca**	Bauernhaus; Landgut
la **hacienda**	Landgut; Farm
la **manzana**	Häuserblock
Vamos a **dar una vuelta a la manzana**.	Wir gehen gleich einmal um den Block.
el **chalé**, el **chalet**	Ferienhaus; Bungalow
la **chabola**	Hütte; Behausung im Elendsviertel

la **entrada**	Eingang
En la entrada están los buzones.	Am Eingang sind die Briefkästen.
la **salida**	Ausgang
la **escalera**	Treppe; Treppenhaus; Leiter
el **escalón**	Stufe
el **ascensor**	Fahrstuhl
El ascensor no funciona. Hay que **subir por la escalera**.	Der Fahrstuhl ist außer Betrieb; man muss die Treppe benützen.
arriba	oben
Los vecinos de arriba hacen mucho ruido.	Die Nachbarn über uns sind sehr laut.
abajo	unten
En el **piso de abajo** vive mi tío.	In der unteren Wohnung wohnt mein Onkel.
subir	hinaufgehen, -steigen
bajar	hinuntergehen

el **tejado**	Dach
la **chimenea**	Schornstein; Kamin
la **fachada**	Fassade
Las fachadas de Gaudí son típicas de Barcelona.	Die Fassaden von Gaudí sind typisch für Barcelona.
el **muro**	Mauer
la **valla**	Zaun
el **portal**	Tor; Haupteingang; Portal
No tengo **llave del portal**.	Ich habe keinen Schlüssel für den Haupteingang.
el **sótano**	Keller
el **marco**	Fenster-, Tür-, Bilderrahmen
la **ventana**	Fenster
el **cristal**	Fensterscheibe; Glas
el **balcón**	Balkon
la **terraza**	Terrasse
Felisa está **tomando el sol** en la terraza.	Felisa sonnt sich auf der Terrasse.
el **patio**	Hof; Innenhof
el **jardín**	Garten
el **garaje**	Garage
El garaje es colectivo.	Es ist eine Gemeinschaftsgarage.
el **fontanero**, la **fontanera**	Klempner(in)
el **grifo**	Wasserhahn
El grifo no cierra bien.	Der Wasserhahn tropft.
el **tubo**	Rohr
el **albañil**	Maurer
el **ladrillo**	Ziegel
la **piedra**	Stein
el muro de piedra	Steinmauer
la **madera**	Holz
el **hormigón**	Beton
el **yeso**	Gips
la **grava**	Kies
el **clavo**	Nagel
el **martillo**	Hammer
el **tornillo**	Schraube
el **destornillador**	Schraubenzieher
las **tenazas** *pl*	Kneifzange
la **viga**	Träger; Balken
Esa casa tiene vigas de madera.	Dieses Haus hat Holzträger.
el **pilar**	Pfeiler, Säule
el **arco**	(Tor-, Portal-)Bogen
el **azulejo**	Kachel
recto, a	gerade

Esta pared no está recta.	Diese Wand ist nicht gerade.
torcido, a	schief
llano, a	flach, eben

el, la **electricista**	Elektriker(in)
la **electricidad**	Elektrizität, Strom
la **luz**	Strom; Licht
Se ha ido la luz.	Der Strom ist ausgefallen.
el **enchufe**	Steckdose; Stecker
la **bombilla**	Glühlampe; Glühbirne
fundirse	durchbrennen
Se han fundido las bombillas.	Die Glühbirnen sind durchgebrannt.
el **cable**	Kabel; Stromleitung
la **tensión**	Spannung
¡Cuidado! ¡Alta tensión!	Vorsicht! Hochspannung!
el **fusible**	Sicherung
el **cortocircuito**	Kurzschluss
el **interruptor**	Lichtschalter

la **pintura**	Farbe
el **pintor**, la **pintora**	Maler(in)
pintar	streichen; malen
pintado, a	gestrichen, angemalt
recién	frisch (gestrichen)
El armario está recién pintado.	Der Schrank ist frisch gestrichen.
el **papel pintado**	Tapete
el **pincel**	Pinsel
la **brocha**	Quast, breiter Pinsel
Quiero un pincel fino y una brocha.	Ich möchte einen dünnen Pinsel und einen Quast.

el **carpintero**	Tischler, Zimmermann
la **carpintería**	Tischlerei
la **sierra**	Säge
Se ha roto la hoja de la sierra.	Das Sägeblatt ist kaputtgegangen.
el **corcho**	Kork

6.2 Kauf, Miete und Bewohner

el **dueño**, la **dueña**	Besitzer(in); Vermieter(in)
Quisiera hablar con el dueño.	Ich würde gern mit dem Besitzer sprechen.
el **propietario**, la **propietaria**	Besitzer(in), Eigentümer(in)
la **propiedad**	Besitz
la **venta**	Verkauf
¿Se vende este piso? – No, no **está a la venta**.	Ist diese Wohnung zu verkaufen? – Nein, sie steht nicht zum Verkauf.

alquilar	mieten
Se alquilan apartamentos.	Ferienwohnungen zu vermieten.
el **alquiler**	Miete

mudarse	umziehen
Me mudo de casa todos los años.	Ich ziehe jedes Jahr um.
trasladarse	übersiedeln; umziehen
la **mudanza**	Umzug
la **vivienda**	Wohnung
el **inquilino**, la **inquilina**	Mieter(in)
prolongar	verlängern
Queremos prolongar el contrato de alquiler.	Wir möchten den Mietvertrag verlängern.
la **prolongación**	Verlängerung
el **administrador**, la **administradora**	(Haus-)Verwalter(in)
el **corredor**, la **corredora**	Makler(in)
la **fianza**	Kaution
la **escritura notarial**	notarieller Kaufvertrag
Sólo es válida la escritura notarial.	Nur der notarielle Kaufvertrag ist gültig.
el **Registro de la Propiedad**	Grundbuchamt

el **vecino**, la **vecina**	Nachbar(in)
El vecino **de al lado** es muy amable.	Der Nachbar von nebenan ist sehr freundlich.
el **portero**, la **portera**	Hausmeister(in); Pförtner(in), Portier
la **portería**	Pförtnerloge, -wohnung
privado, a	privat

6.3 Wohnung und Einrichtung

el **piso**	Wohnung; Stockwerk
Tenemos un **piso en propiedad**.	Wir haben eine Eigentumswohnung.
el **apartamento**	Appartement; Ferienwohnung
la **vivienda**	Wohnung
la **puerta**	Tür
el **cierre**	Schloss
la **llave**	Schlüssel
Conviene **cerrar con llave**.	Es ist besser abzuschließen.
el **timbre**	Klingel
llamar	klingeln
la **cerradura**	Schloss

el **techo**	Zimmerdecke
la **pared**	Wand
Las paredes **están recién pintadas**.	Die Wände sind gerade gestrichen worden.

el **suelo**	Fußboden
la **calefacción**	Heizung
el **pasillo**	Flur
el **recibidor**	Diele
amplio, a	geräumig, weitläufig
la **habitación**	Zimmer
la **sala**	Wohnzimmer; Saal
el **salón**	Salon
el **comedor**	Esszimmer; Speisesaal
el **dormitorio**	Schlafzimmer
el **despacho**	Arbeitszimmer
la **cocina**	Küche; Kochherd
la **nevera**	Kühlschrank
la **despensa**	Speisekammer
el **congelador**	Gefriertruhe; Eisfach
congelar	einfrieren
el **lavavajillas** *sg*	Geschirrspülmaschine
enchufar	einschalten
el **microondas** *sg*	Mikrowellenherd
el **baño**	Badezimmer; Bad, Badewanne
el **lavabo**	Waschbecken; Bad, Waschraum; Toilette
¿Puedo pasar al lavabo?	Darf ich die Toilette benutzen?
la **ducha**	Dusche
Se ha roto la ducha.	Die Dusche ist kaputt.
el **wáter**	Toilette
la **bañera**	Badewanne
la **decoración**	Innenausstattung; Dekoration
el **ambiente**	Raum, Stimmung, Umgebung
amueblar	einrichten
Quiero un piso **sin amueblar**.	Ich will eine unmöblierte Wohnung.
amueblado, a	möbliert; eingerichtet
¡**Se alquila** un piso amueblado!	Möblierte Wohnung zu vermieten!
acogedor, a	gemütlich; gastlich
el **mueble**	Möbel
moderno, a	modern
antiguo, a	antik, alt
el **sillón**	Sessel
el **sofá**	Sofa
cómodo, a	bequem
incómodo, a	unbequem
la **silla**	Stuhl
la **mesa**	Tisch

Voy a **poner la mesa.**	Ich werde den Tisch decken.
la **cama**	Bett
Luego haré la cama.	Später werde ich das Bett machen.
el **armario**	Schrank
la **lámpara**	Lampe
la **lámpara de pie**	Stehlampe
la **cortina**	Gardine; Vorhang
correr las cortinas	die Gardinen zuziehen
el **espejo**	Spiegel
la **alfombra**	Teppich
la **moqueta**	Teppichboden
la **persiana**	Jalousie; Rollladen
bajar/subir la persiana	die Jalousie herunterlassen/aufziehen
el **mosquitero**, la **mosquitera**	Moskitonetz
el **aparador**	Anrichte
la **cómoda**	Kommode
el **cajón**	Schublade
la **estantería**	Regal
el **estante**	Bord, Regalbrett
el **florero**	Blumenvase
el **jarrón**	Blumenvase
la **vela**	Kerze
Cenar **con luz de velas** es romántico.	Bei Kerzenschein zu Abend zu essen ist romantisch.
el **despertador**	Wecker
la **cuna**	Wiege; Kinderbett
En España hay muchas **casas-cuna**.	In Spanien gibt es viele Kinderheime.
el **colchón**	Matratze
la **almohada**	Kissen
la **sábana**	Betttuch; Laken
la **manta**	Wolldecke; Bettdecke
La manta se llama en Hispanoamérica cobija o frazada.	In Hispanoamerika wird die Decke *cobija* oder *frazada* genannt.
la **hamaca**	Liegestuhl; Hängematte
la **sombrilla**	Sonnenschirm

6.4 Haushalt und Hausarbeiten

el **ama de casa**, el **amo de casa**	Hausfrau, -mann
el **trabajo doméstico**	Hausarbeit

el **criado**, la **criada**	Diener, Dienstmädchen; Hausangestellte(r)
la **empleada**	Hausangestellte
el, la **canguro** *pop*	Babysitter
Ayer **hice de canguro.**	Gestern war ich Babysitter.
el **limpiacristales** *sg*	Fensterputzer
¿Cuándo viene el limpiacristales?	Wann kommt der Fensterputzer?

arreglar	aufräumen; in Ordnung bringen; reparieren
limpiar	putzen, wischen, sauber machen
especial	speziell
el **polvo**	Staub
Los muebles están **llenos de polvo.**	Die Möbel sind völlig verstaubt.
la **escoba**	Besen
barrer	fegen
fregar	spülen; schrubben
la **basura**	Müll
ordenar	ordnen; aufräumen
el **desorden**	Durcheinander, Unordnung
la **suciedad**	Schmutz, Dreck
la **limpieza**	Putzen; Reinigen
La **mujer de la limpieza** ayuda al ama de casa en la **limpieza a fondo.**	Die Putzfrau hilft der Hausfrau beim Großreinemachen.
el **cubo**	Eimer
el **cubo de la basura**	Mülleimer, -tonne
la **papelera**	Papierkorb
la **bayeta**	Aufwischtuch, Lappen
Pasa la bayeta, por el suelo.	Wisch den Fußboden.
el **aspirador**, la **aspiradora**	Staubsauger
Ayer no **pasé la aspiradora.**	Gestern habe ich nicht staubgesaugt.
atascado, a	verstopft

el **abrelatas** *sg*	Dosenöffner
el **abrebotellas** *sg*	Flaschenöffner
las **tijeras** *pl*	Schere
el **sacacorchos** *sg*	Korkenzieher
Se ha roto el sacacorchos.	Der Korkenzieher ist kaputtgegangen.
la **sartén**	Pfanne
En esta sartén **se pega y se quema** todo.	In dieser Pfanne bleibt alles haften und brennt an.
la **cazuela**	(Schmor-)Topf; Kasserolle
El **conejo a la cazuela** es muy sabroso.	Kaninchen in der Tonkasserolle zubereitet ist sehr schmackhaft.
la **batidora**	Mixer

7 Privatleben, Soziale Beziehungen

7.1 Person, Familie

la **familia**	Familie
familiar	Familien-; familiär
el **abuelo**, la **abuela**	Großvater, Opa; Großmutter, Oma
los **abuelos**	Großeltern; Großväter
el **padre**	Vater
los **padres**	Eltern; Väter
la **madre**	Mutter
la **madre soltera**	allein erziehende Mutter
el **marido**	Ehemann
la **mujer**	Ehefrau; Frau
En España las mujeres casadas no pierden su apellido de solteras.	In Spanien verlieren verheiratete Frauen nicht ihren Mädchennamen.
la **esposa**	Gattin, Ehefrau

casarse	heiraten, sich verheiraten
el **matrimonio**	Ehe; Heirat; Ehepaar
el **novio**, la **novia**	Verlobte(r); Bräutigam, Braut; Freund(in)
los **novios**	Brautpaar
prometerse	sich verloben
la **boda**	Hochzeit
las **bodas de plata / de oro**	silberne/goldene Hochzeit
separarse	sich trennen
divorciarse	sich scheiden lassen
el **divorcio**	Scheidung

el **hijo**, la **hija**	Sohn, Tochter
los **hijos**	Kinder; Söhne
el, la **mayor**	Älteste(r)
el, la **menor**	Jüngste(r)
el **hermano**, la **hermana**	Bruder, Schwester
los **hermanos**	Geschwister; Brüder
Isabel es la mayor y Manuel es el menor de mis hermanos.	Isabel ist die Älteste und Manuel ist der Jüngste meiner Geschwister.
el **suegro**, la **suegra**	Schwiegervater, Schwiegermutter
los **suegros**	Schwiegereltern
el **yerno**	Schwiegersohn
la **nuera**	Schwiegertochter
el **tío**	Onkel
la **tía**	Tante
Su tía nunca **me ha caído bien**.	Seine Tante war mir noch nie sympathisch.
los **tíos**	Onkel und Tante(n); Onkel

el **padrino**	Patenonkel
la **madrina**	Patentante
el **cuñado**, la **cuñada**	Schwager, Schwägerin
el **nieto**, la **nieta**	Enkel, Enkelin
el **primo**, la **prima**	Cousin, Cousine
Cuando veas a tu prima **dale recuerdos de mi parte.**	Wenn du deine Cousine siehst, grüß sie von mir.
los **primos**	Cousin(s) und Cousine(n); Cousins
el **sobrino**, la **sobrina**	Neffe, Nichte

los **gemelos**	Zwillinge
el **huérfano**, la **huérfana**	Waise(nkind)
el, la **pariente**	Verwandte(r)
la **generación**	Generation

7.2 Begrüßung und Abschied

saludar	begrüßen; grüßen
¡Hola!	Hallo!
¡Hola! ¿Qué tal? – Bien, ¿y tú?	Hallo! Wie geht's? – Gut, und dir?
¡Buenos días!	Guten Morgen!/Guten Tag!
Buenos días, ¿cómo está usted? – Muy bien, gracias, ¿y usted?	Guten Tag, wie geht es Ihnen? – Danke, sehr gut und Ihnen?
¡Buenas tardes!	Guten Tag! *(nachmittags)*
¡Buenas noches!	Guten Abend!/Gute Nacht!
Buenas noches y que descanses.	Gute Nacht und schlaf gut.
¡Adiós!	Auf Wiedersehen!
Adiós, hasta mañana.	Auf Wiedersehen, bis morgen.
¡Hasta luego!	Bis später!, Tschüs!, Auf Wiedersehen!
¡Hasta pronto!	Bis bald!
despedirse	sich verabschieden
Me despido de usted esperando volver a verle pronto.	Ich verabschiede mich von Ihnen in der Hoffnung, Sie bald wieder zu sehen.
la **despedida**	Abschied

tutear(se)	(sich) duzen
tratar(se) de usted	(sich) siezen
¡Oye!	Hör mal!
¡Oiga!	Hören Sie!

¡Adelante!	Herein!

¡Adelante! ¡Pase y tome asiento!	Herein! Kommen Sie herein und nehmen Sie Platz!
el, la **siguiente**	Nächste(r)
conocer	kennen lernen; kennen
Me alegro de haberte conocido.	Ich freue mich, dich kennen gelernt zu haben.
presentar	vorstellen
dar la bienvenida	willkommen heißen
encantado, a	sehr erfreut
Le presento a la señora Marco.	Ich möchte Ihnen Frau Marco vorstellen.
– Mucho gusto.	– Sehr erfreut.
– Encantada.	– Angenehm.

---

estimado, a	sehr geehrte(r) *(Briefanfang)*
Estimados señores:	Sehr geehrte Damen und Herren,
querido, a	liebe(r) *(Briefanfang)*
los **recuerdos**	Grüße
un abrazo	herzlichst; Umarmung
Un fuerte abrazo de tu amigo.	Herzlichen Gruß von deinem Freund.
abrazar	umarmen
el **saludo**	Gruß
un cordial saludo	Herzliche Grüße *(Briefschluss)*
cordialmente	mit freundlichen Grüßen *(Briefschluss)*

---

de parte de	im Namen, seitens
¿Está Asunción?	Ist Asunción da?
– ¿**De parte de quién**?	– Wer spricht, bitte?
– De Carlos.	– Carlos.
Muy señor mío:	Sehr geehrter Herr,
Muy señora mía:	Sehr geehrte Frau *(Briefanfang)*
distinguido, a	verehrte(r) *(Briefanfang)*
atentamente	mit freundlichen Grüßen *(Briefende)*
En espera de sus noticias, les saludamos atentamente.	In Erwartung Ihrer Nachrichten verbleiben wir mit freundlichen Grüßen.

---

cariño *m*	Liebling, Liebes
mi amor	Liebling; meine Liebe
cielo *m*	Liebling, Engel
¡Eres un cielo!	Du bist ein Engel!
guapo, guapa	Hübsche(r), gut Aussehende(r)
majo, maja	Nette(r), Süße(r)
¡Qué maja eres!	Ach, du bist aber nett!
mono, a	reizend(e, er, es), entzückend(e, er, es)

7.3 Jugendszene, Jugendliche

el **chaval**, la **chavala**	Typ, Junge; Mädchen
la **movida** *pop*	Szene; Stimmung
La movida madrileña fue conocida en toda España.	Die Madrider Szene war in ganz Spanien bekannt.
molar *pop*	gut finden, cool/geil sein; angeben
fuerte *pop*	stark
Aprobó todo **con sobresaliente**. ¡Qué fuerte!	Sie hat alles mit Eins bestanden. Stark!
enrollarse *pop*	irre gefallen, antörnen
vacilar *pop*	anmachen; angeben
estar pirao *pop*	verrückt sein
quedarse con *pop*	jemanden für dumm verkaufen, reinlegen
¿Te estás quedando conmigo?	Willst du mich an der Nase herumführen?
la **pijada** *pop*	Blödsinn
¡Eso son pijadas!	Das ist doch völliger Blödsinn!
el **rollo** *pop*	ermüdendes Geschwätz, langweiliger Schmarren

gilipollas *vulg sg*	Idiot(in), Dummkopf
joder *vulg*	belästigen
la **hostia** *vulg*	Schlag, Ohrfeige
hortera *pop*	grässlich, grauenhaft
chachipiruli *pop*	genial, geil
guay *pop*	klasse, prima, spitze
¿Ese tío está guay? – ¡Sí, claro!	Ist der Typ klasse? – Na klar!
la **chupa pop**	Jacke
ser un/una carroza *pop*	von vorgestern sein
ser una maruja *pop*	eine schrullige Hausfrau sein
estar al loro *pop*	aufpassen, dran sein/bleiben
el, la **guiri** *pop*	Touri

currar *pop*	arbeiten
el **curro** *pop*	Arbeit
montárselo *pop*	mit etwas oder jemand zurecht-/ auskommen
el **chollo** *pop*	Glück
la **pasta** *pop*	Geld, Kohle

(la) **chorra** *vulg*	Zufall; Glück
En el examen no me pillaron la chuleta **de chorra**.	In der Prüfung haben sie meinen Schummelzettel zufällig nicht gefunden.
chungo, a *pop*	schwierig, schlecht
la **caja tonta** *pop*	Fernsehen, Glotze
el **bocata** *pop*	belegtes Brötchen

el **cubata** *pop*	Cuba Libre, Cola mit Rum
la **litrona** *pop*	1-Liter-Flasche Bier
engancharse *pop*	sich betrinken; abhängig werden
el/la **pinchadiscos**	Discjockey

7.4 Soziale Bindungen, soziale Gruppen

el **amigo**, la **amiga**	Freund(in)
la **amistad**	Freundschaft; Freundeskreis
cercano, a	nah
lejano, a	entfernt
el, la **amante**	Liebhaber(in)
el **compañero**, la **compañera**	Kamerad(in); Mitschüler(in); Kollege, Kollegin
ligar *pop*	anbändeln; bei jdm landen; anmachen
Me parece que quieres ligar con Clara.	Mir scheint, du willst bei Clara landen.
el, la **colega**	Kollege, Kollegin
el **conocido**, la **conocida**	Bekannte(r)
común	gemeinsam
el **tío** *pop*	Typ
la **tía** *pop*	Tante
el **tipo**	Kerl
la **pareja**	Paar
Ana y Carmelo **hacen buena pareja**.	Ana und Carmelo passen gut zusammen.
la **compañía**	Gesellschaft
Nuestro amigo nos **hace** mucha **compañía**.	Unser Freund leistet uns viel Gesellschaft.
la **comunidad**	Gemeinschaft
la **sociedad**	Gesellschaft

---

la **cita**	Verabredung, Termin
A las diez **tengo una cita con** mi dentista.	Um zehn Uhr habe ich einen Termin beim Zahnarzt.
quedar	vereinbaren; sich verabreden
Julián **ha quedado con** Ana para ir al cine.	Julián hat sich mit Ana verabredet, um ins Kino zu gehen.
visitar	besuchen
la **visita**	Besuch; Visite
el **contacto**	Kontakt, Verbindung
Marta **se ha puesto en contacto con** la señora Sánchez para comprar el coche.	Marta hat sich mit Frau Sánchez in Verbindung gesetzt, um das Auto zu kaufen.
el **enchufe** *pop*	Beziehung; Verbindung

---

colectivo, a	kollektiv, gemeinsam

la **gente**	Leute
la **humanidad**	Menschheit
el **grupo**	Gruppe
encontrar	treffen
el **encuentro**	Treffen; Begegnung

la **fiesta**	Fest, Feier, Party
invitar	einladen
el **invitado**, la **invitada**	Gast
la **invitación**	Einladung
la **recepción**	Empfang
la **presencia**	Anwesenheit
reunirse	sich versammeln; sich treffen
la **reunión**	Versammlung, Sitzung

el **club**	Klub; Verein
el **socio**, la **socia**	Mitglied
el **miembro**	Mitglied
social	sozial; gesellschaftlich
la **relación**	Beziehung

la **reputación**	Ruf
La empresa tiene una reputación excelente.	Die Firma hat einen ausgezeichneten Ruf.
el **honor**	Ehre
la **desigualdad**	Ungleichheit
la **soledad**	Einsamkeit
aislado, a	isoliert
vivir aislado	isoliert leben

el **chulo**	Zuhälter
la **prostitución**	Prostitution
los **marginados (sociales)**	(soziale) Randgruppen
el **mendigo**, la **mendiga**	Bettler(in)
mendigar	betteln
los **sin techo**	Obdachlose

7.5 Soziales Verhalten

entenderse	sich verstehen; sich vertragen
creer	glauben; meinen
pensar	denken, meinen
Roberto pensó que **le iban a suspender en el examen**.	Roberto dachte, er würde die Prüfung nicht bestehen.
la **opinión**	Meinung, Ansicht
En mi opinión, se deberían legalizar las drogas. – No **soy de tu opinión**.	Meiner Meinung nach sollten Drogen legalisiert werden. – Ich bin nicht deiner Meinung.

opinar	meinen
probable	wahrscheinlich
la **probabilidad**	Wahrscheinlichkeit
criticar	kritisieren; bemängeln; tadeln
crítico, a	kritisch

estar seguro, a	sicher sein
Estoy segura de que tu marido te engaña.	Ich bin mir sicher, dass dein Mann dich betrügt.
parecer	(er)scheinen; halten
Le parece mal que no le hayas contestado todavía.	Er findet es nicht gut, dass du ihm noch nicht geantwortet hast.
considerar	halten für; betrachten als
exagerar	übertreiben
¡No exageres!	Übertreibe nicht!
valer la pena	sich lohnen
¿Vale la pena ver la obra de teatro?	Lohnt es sich, das Theaterstück zu sehen?
preferir	lieber mögen; vorziehen
¿Prefieres ir al cine en lugar de ir a la ópera? – Como quieras.	Möchtest du lieber ins Kino gehen anstatt in die Oper? – Wie du willst.
conveniente	sinnvoll; zweckmäßig

el **juicio**	Meinung, Urteil
A nuestro juicio, esta película es muy mala.	Unserer Meinung nach ist dieser Film sehr schlecht.
la **conclusión**	Schluss, Schlussfolgerung
el **criterio**	Gesichtspunkt; Meinung
opuesto, a	entgegengesetzt
Estos criterios **son opuestos a** nuestro concepto.	Diese Kriterien laufen unserem Konzept zu wider.
relativo, a	betreffend; relativ
corresponder	entsprechen

sorprendente	überraschend; erstaunlich
verdadero, a	wahr, echt
indispensable	unumgänglich; unerlässlich
Es indispensable que vengas mañana.	Es ist unumgänglich, dass du morgen kommst.
esencial	wesentlich
real	wirklich, echt

agradecer	dankbar sein; danken
Agradecemos que estén dispuestos a ayudarnos.	Wir danken Ihnen, dass Sie bereit sind, uns zu helfen.
dar las gracias	sich bedanken, danken
con mucho gusto	sehr gern
ayudar	helfen
la **ayuda**	Hilfe

ser una gran ayuda	eine große Hilfe sein
contar con	rechnen mit, zählen auf
magnífico, a	herrlich; vorzüglich
formidable	toll, großartig
la **maravilla**	Wunder
Es una maravilla bañarse en el Mediterráneo.	Es ist wunderbar, im Mittelmeer zu baden.
singular	einzigartig
apreciable	schätzenswert, achtbar
cortés	höflich

---

estar dispuesto, a (a)	bereit sein (zu)
Paco está dispuesto a cuidar de los niños.	Paco ist bereit, sich um die Kinder zu kümmern.
tolerante	tolerant, duldsam
dirigirse a	sich wenden an
Si tienen alguna pregunta, diríjanse a nuestra secretaria.	Sollten Sie Fragen haben, wenden Sie sich bitte an unsere Sekretärin.
presentarse	sich vorstellen; sich zeigen
estar relacionado, a	gute Beziehungen haben
meterse	sich einmischen
Se está metiendo usted en asuntos que no le importan.	Sie mischen sich in Dinge ein, die Sie nichts angehen.
la **influencia**	Einfluss
en cuanto a	bezüglich
En cuanto a su pedido, le enviamos las muestras a vuelta de correo.	Bezüglich Ihrer Bestellung schicken wir Ihnen die Muster postwendend.
acompañar	begleiten
necesario, a	notwendig
Es necesario que regresemos antes de las 12.	Wir müssen vor 12 Uhr zurückkehren.

---

deber	sollen
la **promesa**	Versprechen
prometer	versprechen
cumplir	erfüllen
Deberías **cumplir tu promesa**.	Du solltest dein Versprechen halten.
Por hoy **hemos cumplido.**	Für heute haben wir unser Soll erfüllt.
el **favor**	Gefallen, Gefälligkeit
¿Me puedes **hacer el favor de** ir a correos?	Tust du mir den Gefallen, zur Post zu gehen?
devolver un favor	eine Gefälligkeit erwidern
seguro, a	sicher
el **deber**	Pflicht, Aufgabe
excusar	entschuldigen

---

regalar	schenken

el **regalo**	Geschenk
sorprender	überraschen
la **sorpresa**	Überraschung

corriente	gewöhnlich, üblich, alltäglich
útil	nützlich
Estos mapas te van a ser muy útiles para el viaje.	Diese Landkarten werden dir auf der Reise sehr nützlich sein.
inútil	unnütz; unbrauchbar; idiotisch
práctico, a	praktisch

el **premio**	Preis, Auszeichnung
merecer	verdienen
el **mérito**	Verdienst; hervorragende Leistung
el **valor**	Mut
preferible	vorzuziehen
preferido, a	Lieblings-
¿Cuál es tu **plato preferido**?	Was ist dein Leibgericht?
la **ventaja**	Vorteil

misterioso, a	mysteriös, geheimnisvoll
el **hecho**	Tatsache
posible	möglich
Es posible que eso **tenga** una explicación sencilla.	Es kann sein, dass es eine ganz einfache Erklärung gibt.
la **posibilidad**	Möglichkeit
la **obligación**	Verpflichtung, Pflicht
obligar	verpflichten
el **servicio**	Dienst
servir	dienen; behilflich sein
¿En qué puedo servirle?	Womit kann ich Ihnen dienen?
hacer falta	nötig sein
Hace falta mejor ayuda social para que nadie tenga que mendigar.	Bessere soziale Hilfe ist nötig, damit niemand betteln muss.
la **necesidad**	Notwendigkeit
cuidar de	pflegen; sorgen für
ocuparse de	sich kümmern um

la **culpa**	Schuld
Se ha roto el ordenador **por tu culpa**.	Der Computer ist deinetwegen kaputtgegangen.
engañar	betrügen
molestar(se)	belästigen, stören; sich bemühen
¡No se moleste usted!	Machen Sie sich keine Umstände!
la **molestia**	Belästigung
pegar	schlagen
el **golpe**	Schlag

pelearse	sich streiten
peligroso, a	gefährlich
el **conflicto**	Konflikt, Streit
No quiero **entrar en conflicto con** su empresa.	Ich möchte mit Ihrer Firma keinen Streit haben.
mentir	lügen
la **mentira**	Lüge

---

el **respeto**	Achtung, Respekt
apreciar	schätzen; beurteilen
estimar	schätzen; achten
agradable	angenehm
tener suerte	Glück haben
tener mala suerte	Pech haben
bien *adv*	gut
Me parece muy bien que te tomes vacaciones.	Ich finde es sehr gut, dass du dir Urlaub nimmst.
bueno, a; buen *adj*	gut
mejor *adj/adv*	besser
Tú cantas mejor que la mejor soprano del pueblo.	Du singst besser als die beste Sopranistin des Dorfes.
el, la **mejor**	beste(r, s)
famoso, a	berühmt, bekannt
interesante	interessant
importante	wichtig, bedeutend
la **importancia**	Wichtigkeit; Bedeutung
excelente	ausgezeichnet
perfecto, a	vollkommen, perfekt
extraordinario, a	außergewöhnlich, außerordentlich
fantástico, a	großartig, phantastisch
estupendo, a	großartig, toll
maravilloso, a	wunderbar
hermoso, a	schön

---

mal *adv*	schlecht
Esta casa está mal hecha.	Dieses Haus ist schlecht gebaut.
malo, a *adj*	schlecht, böse
Lo malo es que …	Das Schlimme ist, dass …
peor *adj/ adv*	schlechter, schlimmer
Bartolo escribe peor que lee.	Bartolo schreibt schlechter als er liest.
el, la **peor**	schlechteste(r, s), schlimmste(r, s)
pésimo, a	äußerst schlecht
terrible	schrecklich
horrible	fürchterlich, grässlich, schrecklich
antipático, a	unsympathisch, unausstehlich
imbécil	blöd

pesado, a	lästig; belästigend
Su madre es muy pesada.	Ihre Mutter ist eine Nervensäge.
raro, a	merkwürdig, seltsam

intolerante	intolerant, unduldsam
Mucha gente es **intolerante con** las minorías.	Viele Leute sind gegenüber Minderheiten intolerant.
inmoral	unmoralisch
el **prejuicio**	Vorurteil
tener prejuicios ante una persona	gegenüber einer Person Vorurteile haben
desagradable	unangenehm
la **antipatía**	Widerwillen; Abneigung; Unfreundlichkeit
tener antipatía a alguien	gegenüber jdm Abneigung empfinden
la **desventaja**	Nachteil
la **desgracia**	Unglück

odioso, a	gehässig; verhasst
harto, a	satt; genug; überdrüssig
Estoy harto de que hagas el idiota.	Ich habe es satt, dass du den Idioten spielst.
tremendo, a	fürchterlich, schrecklich
Está haciendo un calor tremendo.	Es ist fürchterlich heiß.
ridículo, a	lächerlich
idiota	blöd(sinnig), dämlich
efectivamente	tatsächlich
increíble	unglaublich
¡Es increíble!	Es ist unglaublich!
¡Por Dios!	Um Gottes willen!, Mein Gott!
francamente	offen, freiheraus
¿De veras?	Wirklich ?
incorrecto, a	unhöflich, falsch, unkorrekt
falso, a	falsch
negativo, a	negativ
positivo, a	positiv
fatal	unmöglich; verhängnisvoll
¿Qué tal las vacaciones? – Fatal.	Wie war es im Urlaub? – Schlecht.
el **error**	Fehler; Irrtum
Disculpe, hay un error en su pedido.	Entschuldigen Sie, in Ihrer Bestellung ist ein Irrtum aufgetreten.
la **dificultad**	Schwierigkeit

incomprensible	unverständlich; unfassbar; unbegreiflich
extraño, a	merkwürdig, seltsam

En esta casa se oyen ruidos extraños.	In diesem Haus hört man seltsame Geräusche.
confuso, a	konfus, verworren
absurdo, a	absurd

reclamar	anmahnen; fordern; reklamieren
Me han reclamado el pago de la factura.	Ich wurde angemahnt, die Rechnung zu bezahlen.
la **reclamación**	Beschwerde; Beanstandung; Reklamation
la **queja**	Klage

7.6 Besitzverhältnisse

tener	besitzen; haben
Ahora no tengo tiempo.	Jetzt habe ich keine Zeit.
propio, a	eigen
la **fortuna**	Vermögen
rico, a	reich
pobre	arm
Al final de mes siempre **estoy muy pobre**.	Am Monatsende bin ich immer arm.
poseer	besitzen
disponer	verfügen
ser de	gehören
¿De quién es el libro? – Es mío y la libreta también **es mía**.	Wem gehört das Buch? – Es ist meins und das Heft gehört mir auch.

pertenecer	gehören
¿A quién pertenecen estas tierras?	Wem gehören diese Ländereien?
la **posesión**	Besitz
particular	privat, Privat-
la **riqueza**	Reichtum
el **lujo**	Luxus
la **prosperidad**	Wohlstand
la **pobreza**	Armut
la **miseria**	Elend
Todavía hay mucha gente que vive en la más absoluta miseria.	Noch immer gibt es Menschen, die im größten Elend leben.

el **testamento**	Testament
heredar	erben, beerben
el **heredero**, la **heredera**	Erbe, Erbin
la **herencia**	Erbschaft, Erbe

8 Erziehung, Schule, Universität

8.1 Erziehung, Bildung

la **educación**	Erziehung; Ausbildung
Ministerio de Educación y Ciencia (MEC)	Ministerium für Bildung und Wissenschaft
el **jardín de infancia**	Kindergarten
aprender	lernen
aprender a leer y **a** escribir	lesen und schreiben lernen
educar	erziehen, unterrichten
enseñar	lehren; beibringen; unterrichten
la **enseñanza**	Schulwesen; Unterricht
En España hay **Enseñanza Primaria y Secundaria Obligatoria (E.S. O.).**	In Spanien gibt es obligatorische Grund- und Aufbauschulen.
gratuito, a	kostenlos
el **colegio**	Schule; Privatschule; College
la **escuela**	(staatliche) Schule

significar	bedeuten
de memoria	auswendig
aprender de memoria	auswendig lernen
contar	zählen; erzählen
¡A ver! ¿Quién nos cuenta un cuento?	Mal sehen! Wer erzählt uns eine Geschichte?

la **solución**	Lösung
científico, a	wissenschaftlich
sencillo, a	einfach
el **método**	Methode
el **tema**	Thema
el **ejercicio**	Übung; Aufgabe
el **problema**	Problem
el **ejemplo**	Beispiel
España tiene grandes autores, **por ejemplo** Cervantes y Galdós.	Spanien hat große Schriftsteller, zum Beispiel Cervantes und Galdós.
ejemplar	beispielhaft
la **falta**	Fehler
didáctico, a	didaktisch

investigar	(er)forschen
el **laboratorio**	Labor(atorium)
la **fórmula**	Formel
el **certificado**	Zeugnis; Bescheinigung
el **diploma**	Diplom

8.2 Unterricht, Schule

el **maestro**, la **maestra**	(Grundschul-)Lehrer, Lehrerin
la **clase**	Klasse; Unterricht; Unterrichtsraum
Esta tarde tenemos **clase de historia**.	Heute Nachmittag haben wir Geschichte.
dar clase	unterrichten; Unterricht erteilen
las **tareas**	Hausaufgaben
escolar	Schul-
el **alumno**, la **alumna**	Schüler(in); Student(in)
obligatorio, a	Pflicht-, obligatorisch
Es obligatorio en España **ir a la escuela** hasta los dieciséis años.	In Spanien gilt die Schulpflicht bis zum 16. Lebensjahr.
el **instituto**	Gymnasium; Institut
el **horario**	Stundenplan
asistir	teilnehmen; zugegen sein
Ayer no **asistí a clase** de chino.	Ich war gestern nicht im Chinesischunterricht.
la **lección**	Lektion

---

el **examen**	Prüfung; Klausur; Abschlussprüfung
Al final de cada curso hay que **presentarse a exámenes**.	Am Ende jeden Kurses muss man an den Prüfungen teilnehmen.
examinarse	geprüft werden; sich prüfen lassen
suspender	durchfallen
el **desconocimiento**	Unkenntnis, Nichtwissen
Suspendí el examen por desconocimiento del tema.	Ich habe die Prüfung nicht bestanden, weil mir das Thema unbekannt war.
aprobar	bestehen
escrito, a	schriftlich
oral	mündlich
traducir	übersetzen
En clase hemos traducido del latín al español.	Im Unterricht haben wir vom Lateinischen ins Spanische übersetzt.
la **traducción**	Übersetzung
simple	einfach, leicht
fácil	leicht
difícil	schwer, schwierig

---

el **bachillerato**	Abitur
El bachillerato español termina con la **Prueba de Admisión Universitaria (P. A. U.)**.	Das spanische Abitur endet mit der universitären Aufnahmeprüfung.

la **admisión**	Aufnahme, Zulassung
admitir	aufnehmen, zulassen
el **curso**	Kurs; Lehrgang
Quiero hacer un curso de español para extranjeros en España.	Ich möchte einen Spanischkurs für Ausländer in Spanien machen.
la **evaluación**	Klassenarbeit
la **nota**	Note, Zensur
En España la mejor nota es 10 y la peor 0.	In Spanien ist die beste Zensur 10 und die schlechteste 0.
corregir	berichtigen, korrigieren
el **cuaderno**	Heft, Schulheft
el **recreo**	Pause
Durante el recreo **jugábamos al** fútbol.	In den Pausen spielten wir Fußball.
la **asignatura**	Fach
¿Qué asignatura enseña usted?	Welches Fach unterrichten Sie?
la **especialidad**	Fach(gebiet)

(las) **ciencias**	Naturwissenschaften (und Mathematik)
la **biología**	Biologie
Marta es profesora de biología.	Marta ist Biologielehrerin.
las **matemáticas**	Mathematik
Don Jorge **da clases de** matemáticas.	Herr Jorge unterrichtet Mathematik.
matemático, a	mathematisch
la **química**	Chemie
No soy bueno en química.	Ich bin nicht gut in Chemie.
la **física**	Physik
la **geografía**	Geographie, Erdkunde
la **historia**	Geschichte
el **dibujo**	Zeichnen; Zeichnung
la **clase de dibujo**	Zeichenunterricht
la **gimnasia**	Turnen
La gimnasia es la **asignatura preferida** de Clara.	Turnen ist Claras Lieblingsfach.
la **lengua**	Sprachunterricht; Sprache
el **diccinario (de bolsillo)**	(Taschen-)Wörterbuch

8.3 Universität, Studium

la **universidad**	Universität
universitario, a	Universitäts-
La **carrera universitaria** dura cinco años en España, excepto Medicina.	In Spanien dauert das Universitätsstudium fünf Jahre, außer in Medizin.
la **carrera**	Studium; Karriere

la **ciencia**	Wissenschaft
A Maruja **le entusiasma** la ciencia.	Maruja ist von der Wissenschaft begeistert.
la **academia**	Akademie; (Privat-)Schule
No confundir las **Reales Academias** con las academias particulares.	Man soll die Königlichen Akademien nicht mit Privatschulen verwechseln.
la **biblioteca**	Bibliothek

el, la **estudiante**	Schüler(in); Student(in)
estudiar	studieren; lernen
los **estudios**	Studium
matricularse	sich einschreiben
la **matrícula**	Einschreibegebühr; Immatrikulation
el **plan**	Plan
apuntar	notieren, aufschreiben
los **apuntes**	Notizen
Los estudiantes **toman apuntes** en clase.	Die Studenten machen sich Notizen während des Unterrichts.
el **ensayo**	Aufsatz; Essay
el **director**, la **directora**	Direktor(in)
el **profesor**, la **profesora**	Lehrer(in); Dozent(in); Professor(in)
Todos los que enseñan son profesores. – ¿También en una autoescuela? – Sí, también.	Jeder, der unterrichtet, wird *profesor(a)* genannt. – Auch in der Fahrschule? – Ja, auch.

el **catedrático**, la **catedrática**	Hochschullehrer(in); Studienrat, Studienrätin; Professor(in)
Luis es **catedrático de instituto**.	Luis ist Studienrat an einem Gymnasium.
la **cátedra**	Lehrstuhl; Lehrfach
¿Te has presentado a las oposiciones de la cátedra de matemáticas?	Hast du dich um den Lehrstuhl für Mathematik beworben?
las **oposiciones**	Auswahlprüfungen für staatliche Stellen
el **aula** *f*	Hörsaal
el **lector**, la **lectora**	Lektor(in); Dozent(in)
Nuestra lectora de Español es muy competente.	Unsere Spanischdozentin ist sehr kompetent.
el **licenciado**, la **licenciada**	Akademiker(in)
Juana María **es licenciada en** filología.	Juana María hat das Philologiestudium absolviert.

el **título**	Titel, Diplom
el **doctorado**	Promotion; Doktortitel
doctorarse	promovieren
la **beca**	Stipendium

el **crédito**	zehn Unterrichtsstunden
Un crédito son diez horas de clase en la universidad.	Ein *crédito* sind zehn Unterrichtsstunden an der Universität.
la **investigación**	Forschung

---

las **letras**	Geisteswissenschaften
el **filósofo**, la **filósofa**	Philosoph(in)
la **filosofía**	Philosophie
la **facultad**	Fakultät
el **derecho**	Jura

9 Berufs- und Arbeitswelt

9.1 Arbeitsgeräte

el **aparato**	Gerät, Apparat
funcionar	funktionieren
el **funcionamiento**	Funktionieren
la **máquina**	Maschine
técnico, a	technisch
la **pila**	Batterie
la **batería**	Batterie; Akkumulator
He comprado una **batería para el coche**.	Ich habe eine Autobatterie gekauft.
la **linterna**	Taschenlampe
la **herramienta**	Werkzeug
el **pico**	Spitzhacke
la **pala**	Schaufel
la **ferretería**	Eisenwarenhandlung
la **cola**	Leim
pegar	kleben
La madera se pega con cola.	Holz klebt man mit Leim.
la **cuerda**	Schnur; Leine
la **navaja**	Taschenmesser
el **saco**	Sack
la **red**	Netz

9.2 Büroartikel

la **máquina de escribir**	Schreibmaschine
el **ordenador**	Computer, PC
la **computadora**	Computer; (Groß-, Zentral-)Rechner
En Hispanoamérica llaman al ordenador *computadora*.	In Hispanoamerika nennt man den PC ausschließlich *Computer*.
la **fotocopiadora**	Fotokopiergerät
la **fotocopia**	Fotokopie
copiar	kopieren; abschreiben
el **programa**	Programm, Software
¿Me puede recomendar un buen **programa de texto** para mi ordenador?	Können Sie mir ein gutes Textverarbeitungsprogramm für meinen Computer empfehlen?
el **fax**	Fax; Faxgerät
la **calculadora**	Taschenrechner
la **agenda**	Terminkalender
la **papelería**	Schreibwarengeschäft

el **bloc** — (Papier-)Block
el **papel** — Papier
la **hoja (de papel)** — Blatt (Papier)
el **sobre** — Briefumschlag
el **lápiz** — Bleistift
el **bolígrafo**, el **boli** — Kugelschreiber, Kuli
Isabel tiene un **boli de cuatro colores**. — Isabel hat einen Vierfarbenkugelschreiber.
la **pluma** — Füllfederhalter, Füller
firmar con pluma — mit dem Füllfederhalter unterschreiben
la **tinta** — Tinte
la **cinta adhesiva**, el **celo** — Klebeband, -streifen
la **carpeta** — Aktenmappe; Schreibunterlage
el **archivador** — Aktenordner; Aktenschrank

---

el **tampón** — Stempelkissen
el **sello** — Stempel(abdruck)
la **cinta** — Farbband
el **cartucho de tinta** — (Tinten-)Patrone
borrar — löschen; entfernen; (aus)radieren
la **goma de borrar** — Radiergummi
el **compás** — Zirkel
El capitán del barco usa brújula y compás. — Der Schiffskapitän benutzt Kompass und Zirkel.

9.3 Berufsausbildung und Berufe

la **formación** — Ausbildung
En España la **formación profesional** dura cuatro años. — Die Berufsausbildung dauert in Spanien vier Jahre.
el **aprendiz**, la **aprendiza** — Auszubildende(r)
el **aprendizaje** — Berufsausbildung
la **escuela de formación profesional** — Berufsschule
el **oficial**, la **oficiala** — Geselle, Gesellin
el **maestro**, la **maestra** — Meister(in)
la **experiencia** — Erfahrung
la **práctica** — Übung; Praxis
teórico, a — theoretisch
la **teoría** — Theorie
las **prácticas** — Praktikum
Arturo está haciendo unas **prácticas de óptico**. — Arturo macht gerade ein Praktikum beim Optiker.
el **conocimiento** — Kenntnis
conocimientos de medicina — medizinische Kenntnisse
profesional — berufsmäßig, Berufs-
Charo es una **peluquera profesional**. — Charo ist gelernte Friseurin.

dedicarse	(beruflich) machen; sich widmen
¿**A qué te vas a dedicar** cuando termines el aprendizaje?	Was wirst du beruflich machen, wenn du die Ausbildung beendet hast?
especializarse	sich spezialisieren
especializado, a	spezialisiert

---

el **oficio**	Beruf
el **trabajador**, la **trabajadora**	Arbeiter(in)
el **obrero**, la **obrera**	Arbeiter(in)
el **obrero especializado**	Facharbeiter
el **empleado**, la **empleada**	Angestellte(r)
el **funcionario**, la **funcionaria**	Beamte(r), Beamtin
el **cartero**, la **cartera**	Briefträger(in), Postbeamte(r)
el **inspector**, la **inspectora**	Inspektor(in); Prüfer(in)
el, la **asistente**	Assistent(in)
el, la **agente**	Vertreter(in); Agent(in)
el **agente de seguros**	Versicherungsvertreter
el **secretario**, la **secretaria**	Sekretär(in)

---

el **médico**, la **médica**	Arzt, Ärztin
el, la **dentista**	Zahnarzt, Zahnärztin
el **farmacéutico**, la **farmacéutica**	Apotheker(in)
el, la **internista**	Internist(in)
el **enfermero**, la **enfermera**	Krankenpfleger, Krankenschwester
el **veterinario**, la **veterinaria**	Tierarzt, Tierärztin

---

el **notario**, la **notaria**	Notar(in)
el **juez**, la **jueza**	Richter(in)

---

el **abogado**, la **abogada**	Rechtsanwalt, Rechtsanwältin
el **panadero**, la **panadera**	Bäcker(in)
el **pastelero**, la **pastelera**	Konditor(in)
el **carnicero**, la **carnicera**	Metzger(in), Fleischer(in)
el **cocinero**, la **cocinera**	Koch, Köchin
el **peluquero**, la **peluquera**	Friseur(in)
el **jardinero**, la **jardinera**	Gärtner(in)
el **zapatero**, la **zapatera**	Schuhmacher(in)
El zapatero tendrá las botas para el martes.	Der Schuster wird die Stiefel am Dienstag fertig haben.
el, la **limpiabotas** *pl*	Schuhputzer(in)
el, la **vigilante**	Wächter, Wachmann

---

el **fontanero**, la **fontanera**	Klempner(in)
el **mecánico**, la **mecánica**	Mechaniker(in)
el, la **electricista**	Elektriker(in)
el **ingeniero**, la **ingeniera**	Ingenieur(in)

el **joyero**, la **joyera**	Juwelier(in), Schmuckhändler(in)
el **óptico**, la **óptica**	Optiker(in)
el **fotógrafo**, la **fotógrafa**	Fotograf(in)
el **traductor**, la **traductora**	Übersetzer(in)
el, la **intérprete**	Dolmetscher(in)
el **bibliotecario**, la **bibliotecaria**	Bibliothekar(in)

9.4 Arbeit, Arbeitsbedingungen

el **trabajo**	Arbeit
el **puesto de trabajo**	Arbeitsplatz
ganar	verdienen
trabajar	arbeiten
el **salario**	Lohn
el **sueldo**	Gehalt
¿Cuánto **cobras de sueldo**?	Wie hoch ist dein Gehalt?
el **empleo**	Beschäftigung; Arbeitsstelle
Estamos buscando empleo desde hace dos años.	Wir suchen seit zwei Jahren eine Anstellung.
solicitar	sich bewerben; beantragen
He solicitado trabajo en la Seat.	Ich habe mich um Arbeit bei der Firma Seat beworben.
la **oficina**	Büro
el **personal**	Personal, Belegschaft
fijo, a	fest
¿Cuántos empleados fijos sois en la fábrica?	Wie viele fest Angestellte seid ihr in der Fabrik?
parcial	Teilzeit-
el **patrón**, el **patrono**, la **patrona**	Arbeitgeber(in)
el **pago**	(Be-)Zahlung
pendiente	ausstehend, fällig
El patrono no ha realizado los **pagos pendientes**.	Der Arbeitgeber hat die fälligen Zahlungen nicht geleistet.
la **jornada**	Tagewerk; Arbeitstag; Arbeitszeit
el **trabajo temporero**	Saisonarbeit
manual	Hand-
el, la **especialista**	Fachmann, Fachfrau
la **huelga**	Streik
el **sindicato**	Gewerkschaft
organizar	organisieren, veranstalten

Los sindicatos han organizado para mañana una **huelga general**.	Die Gewerkschaften haben für morgen einen Generalstreik organisiert.
protestar	protestieren
jubilado, a	pensioniert; im Ruhestand
José tiene sesenta y cinco años y está jubilado.	José ist 65 Jahre alt und im Ruhestand.
la **pensión**	Rente; Pension

---

el **paro**	Arbeitslosigkeit
el **desempleo**	Arbeitslosigkeit
el **parado**, la **parada**	Arbeitslose(r)
el **subsidio de paro/desempleo**	Arbeitslosenunterstützung
En España los parados sólo reciben seis meses el subsidio de paro.	In Spanien erhalten Arbeitslose nur sechs Monate lang Arbeitslosenunterstützung.
despedir	entlassen, kündigen
el **despido**	Entlassung, Kündigung
la **Oficina de Empleo**	Arbeitsamt
el **seguro de desempleo**	Arbeitslosenversicherung
la **Seguridad Social**	Sozialversicherung
el **porvenir**	(berufliche) Zukunft
laborable	Arbeits-
los **días laborables**	Werktage
laboral	Arbeits-
el **campo**	(Arbeits-)Gebiet; Bereich
el **turno**	Schicht
El **turno de noche** me es más agradable.	Die Nachtschicht ist mir lieber.
la **cinta continua**	Fließband
automático, a	automatisch
la **tecnología**	Technologie
electrónico, a	elektronisch

10 Freizeit, Unterhaltung, Sport, Spiel

10.1 Freizeit, Hobby und Spiel

la **diversión**	Vergnügen; Zeitvertreib
la **broma**	Scherz, Spaß
Clara hoy **no está para bromas.**	Clara ist heute nicht zum Scherzen aufgelegt.
el **chiste**	Witz
divertido, a	lustig; unterhaltsam; amüsant
divertirse	sich vergnügen
¡Que te diviertas!	Viel Spaß!
entretenerse	sich die Zeit vertreiben
la **distracción**	Zeitvertreib; Zerstreuung
las **vacaciones** *pl*	Ferien, Urlaub
la **feria**	Jahrmarkt, Volksfest; Messe
La feria de abril de Sevilla es famosa.	Das Volksfest im April in Sevilla ist berühmt.

---

el **tiempo libre**	Freizeit
el **ocio**	Freizeitbeschäftigung
distraerse	sich die Zeit vertreiben; sich unterhalten
animado, a	belebt; munter; angeregt
el **pub**	(Nacht-)Bar
salir	ausgehen
bailar	tanzen
¿Quieres bailar?	Möchtest du tanzen?
el **baile**	Tanz
pasearse	spazieren gehen
En verano mucha gente **se pasea por** la playa.	Im Sommer gehen viele Menschen am Strand spazieren.
el **paseo**	Spaziergang
¿Vamos a **dar un paseo**?	Machen wir einen Spaziergang?
la **vuelta**	Bummel; Spaziergang
Fui a dar una vuelta por el centro y me encontré a Ramona.	Ich machte einen Spaziergang durch die Innenstadt und traf Ramona.
el **parque de atracciones**	Vergnügungspark

---

la **afición**	Hobby; Steckenpferd
el **aficionado**, la **aficionada**	Amateur
el, la **hincha**	Fan
jugar	spielen
¿ A qué vamos a **jugar**? – Pues **al ajedrez**, ¿no?	Was wollen wir spielen? – Schach, oder?
el **juego**	Spiel
la **carta**	(Spiel-)Karte
¿Conocéis un **juego de cartas** divertido?	Kennt ihr ein lustiges Kartenspiel?
el **juguete**	Spielzeug

la **muñeca**	Puppe
la **fotografía**	Fotografie
la **foto**	Foto, Bild
la **cámara (fotográfica)**	Kamera, Fotoapparat
el **carrete**	Film *(Foto)*
revelar	(Foto) entwickeln
la **diapositiva**	Dia
el **flash**	Blitz; Blitzlicht
el **circo**	Zirkus
el **payaso**, la **payasa**	Clown
la **suerte**	Glück
la **lotería**	Lotterie
la **colección**	Sammlung
coleccionar	sammeln
el **crucigrama**	Kreuzworträtsel
el **ajedrez**	Schach
la **partida**	Spiel; Partie
el **dominó**	Domino
¿Jugamos una **partida de dominó**?	Spielen wir eine Partie Domino?
apostar	wetten; um Geld spielen
la **apuesta**	Wette
¡Has ganado la apuesta!	Du hast die Wette gewonnen!
la **trampa**	Falle; Mogelei
¡No vale hacer trampas!	Mogeln gilt nicht!
el **dado**	Würfel
Ya los romanos **jugaban a los dados**.	Schon die Römer spielten mit Würfeln.
el **concurso**	Wettbewerb
el **serial**	(Fernseh-, Rundfunk-)Serie
el **episodio**	Folge; Espisode
la **telenovela**	Seifenoper

10.2 Sport

el, la **deportista**	Sportler(in)
deportivo, a	sportlich
el **deporte**	Sport
¿Practicas algún deporte? – Sí, **juego al tenis**, corro y nado.	Treibst du Sport? – Ja, ich spiele Tennis, laufe und schwimme.
practicar	üben; ausüben
ganar	gewinnen
perder	verlieren
vencer	besiegen; siegen

el, la **atleta**	Sportler(in); Athlet(in)
la **disciplina**	Disziplin; Sportart
la **Olimpiada**	Olympiade
olímpico, a	olympisch
el **atletismo**	Leichtathletik
entrenarse	trainieren
el **entrenamiento**	Training
la **carrera**	(Wett-)Rennen
la **meta**	Ziel
la **gimnasia**	Gymnastik
el **gimnasio**	Sporthalle
Mi mujer va todas las semanas a **hacer gimnasia** a un gimnasio.	Meine Frau geht jede Woche zur Gymnastik in eine Sporthalle.

correr	laufen; rennen
el **futin**	Jogging
Carlos corre muy deprisa cuando **hace futin**.	Carlos läuft sehr schnell, wenn er joggt.
saltar	springen
el **salto de longitud**	Weitsprung
el **salto de altura**	Hochsprung
lanzar	werfen
boxear	boxen
el **boxeador**, la **boxeadora**	Boxer(in)

esquiar	Ski fahren
la **pista**	Piste, Bahn
el **telesquí**	Skilift
el **esquí**	Ski
patinar	Schlittschuh laufen
los **patines en línea**	Inliner(-Skates)
montar	reiten
¿Sabes dónde se puede **montar a caballo** por aquí?	Weißt du, wo man hier in der Nähe reiten kann?
la **equitación**	Reiten; Reitsport

remar	rudern
la **piscina**	Schwimmbad; Schwimmbecken
la **natación**	Schwimmen
nadar	schwimmen
El médico me ha recomendado que vaya a la piscina y **practique la natación**.	Der Arzt hat mir empfohlen, ins Schwimmbad zu gehen und zu schwimmen.
el **nadador**, la **nadadora**	Schwimmer(in)
bucear	tauchen
navegar a vela	segeln
el **velero**	Segelboot

el **jugador**, la **jugadora**	Spieler(in)
el **equipo**	Mannschaft; Sportausrüstung
participar	teilnehmen
el **fútbol**	Fußball
un **partido de fútbol**	Fußballspiel
el **balón**	(Fuß-)Ball
el **portero**, la **portera**	Torwart
el, la **futbolista**	Fußballspieler(in)
el **árbitro**	Schiedsrichter(in)
marcar	erzielen
el **gol**	Tor *(beim Fußball/Handball)*
la **portería**	Tor *(Gehäuse)*
el **estadio**	Stadion
el **campo (deportivo)**	Sportplatz; Spielfeld
la **pelota**	Ball; baskisches Pelotaspiel
el **tenis**	Tennis
la **raqueta**	Schläger
la **competición**	Wettkampf; Wettrennen; Wettfahrt
Las **competiciones de motos** se celebran en Jerez de la Frontera.	In Jerez de la Frontera werden Motorradrennen ausgetragen.
el **campeonato**	Meisterschaft
el **campeón**, la **campeona**	Meister(in)
el **récord**	Rekord
El nuevo campeón del mundo **ha batido el récord** por dos segundos.	Der neue Weltmeister hat den Rekord um zwei Sekunden überboten.
el **ciclismo**	Radsport
La **carrera de ciclismo** española más importante es la Vuelta a España.	Das wichtigste spanische Radrennen ist die Vuelta *(Spanienrundfahrt)*.
el, la **ciclista**	Radfahrer(in)
el **golf**	Golf
En España se juega mucho al golf.	In Spanien spielt man viel Golf.
el **balonmano**	Handball
el **baloncesto**	Basketball
el **balonvolea**, el **voleibol**	Volleyball
la **caza**	Jagd
el **cazador**, la **cazadora**	Jäger(in)
cazar	jagen, fangen
el **coto de caza**	Jagdrevier

10.3 Theater, Kino, Film

el **programa**	Programm
el **teatro**	Theater
Pedí ayer las entradas del teatro para no **hacer cola** después.	Ich habe gestern die Theaterkarten vorbestellt, um nachher nicht anstehen zu müssen.
la **obra de teatro**	Theaterstück
el **espectáculo**	Vorstellung; Veranstaltung; Schauspiel
la **pieza**	(Theater-)Stück
el **escenario**	Bühne

la **representación**	Aufführung
la **compañía (de teatro)**	Ensemble, Theatertruppe
representar	darstellen; spielen
el **papel**	Rolle
el **ensayo**	Probe
constar	feststehen, aufgeführt sein
la **comedia**	Komödie
la **tragedia**	Tragödie
trágico, a	tragisch
cómico, a	lustig; komisch; witzig

el **público**	Publikum
aplaudir	(Beifall) klatschen
silbar	(aus)pfeifen
el **descanso**	Pause; Erholung

el **cine**	Kino
¿Qué película **ponen en el cine**?	Welcher Film läuft im Kino?
la **película**	(Kino-, Fernseh-)Film
el **actor**, la **actriz**	Schauspieler(in)
actuar	auftreten; spielen

la **cola**	(Warte-)Schlange
la **entrada**	Eintrittskarte
la **taquilla**	(Kino-, Theater-)Kasse
la **pantalla**	(Kino-)Leinwand; Bildschirm
la **sesión**	(Kino-)Vorstellung

el **director**, la **directora**	Regisseur(in)
el **estreno**	Erstaufführung, Uraufführung; Premiere
la **función**	(Theater-, Kino-)Vorstellung
Esta tarde habrá una **función para niños**.	Heute Nachmittag gibt es eine Kindervorstellung.
contribuir	beitragen, beisteuern
la **escena**	Szene
la **estrella**	Star

la **fama**	Ruhm
La fama es para quien la gana. *loc*	Der Ruhm ist für denjenigen, der ihn verdient.

10.4 Feste und Feiern

la **fiesta**	Fest
celebrar	feiern
el **Patrono**, la **Patrona**	Schutzheilige(r)
Muchas fiestas españolas se celebran el **día del Patrono** de la ciudad.	Viele spanische Feste werden am Namenstag des Schutzheiligen der Stadt gefeiert.
la **costumbre**	Sitte, Brauch
la **tradición**	Tradition
tradicional	traditionell

el **santo**	Namenstag
el **cumpleaños**	Geburtstag
¡Feliz cumpleaños!	Herzlichen Glückwunsch zum Geburtstag!

la **Navidad**	Weihnachten
¡Feliz Navidad!, ¡Felices Navidades!	Fröhliche Weihnachten!
(la) **Nochebuena**	Heiligabend
los **Reyes Magos**	Heilige Drei Könige
En España **el día de Reyes** se dan los regalos.	In Spanien überreicht man am Dreikönigstag Geschenke.
Año Nuevo	Neujahr
¡Feliz Año Nuevo!	Gutes neues Jahr!
(la) **Nochevieja**	Silvester
Cuando **suenan las doce** de la noche en Nochevieja los españoles toman doce uvas para tener suerte en el Año Nuevo.	Wenn es in der Silvesternacht 12 Uhr schlägt, essen Spanier 12 Weintrauben, um im neuen Jahr Glück zu haben.
(la) Semana Santa	Karwoche
la **procesión**	Umzug
(la) **Pascua**	Ostern
Pentecostés	Pfingsten

San Juan	Heiliger Johannis; Johannisfeier
San Fermín	Heiliger Fermín
Los Sanfermines son del uno al siete de julio en Pamplona.	Die Ferminfeiertage finden vom 1. bis zum 7. Juli in Pamplona statt.
las **Fallas**	Fallas *(Feuer- und Lichtspiele in Valencia)*

Las Fallas se celebran en Valencia y terminan el día de San José, el 19 de marzo.	Fallas werden in Valencia gefeiert und enden am Josefstag, am 19. März.

---

el **torero**, la **torera**	Stierkämpfer(in)
la **corrida de toros**	Stierkampf
popular	volkstümlich
el **matador**	Stierkämpfer
el **toro bravo**	Kampfstier
la **banderilla**	Banderilla *(Spieß mit Widerhaken)*
torear	mit Stieren kämpfen

11 Reisen und Tourismus

11.1 Reisen und Reisevorbereitungen

el **viaje**	Reise
¡Buen viaje!	Gute Reise!
viajar	reisen; verreisen
el **viajero**, la **viajera**	Reisende(r)
Señores viajeros del **vuelo con destino** a Cartagena, diríjanse a la puerta B.	Reisende des Fluges nach Cartagena, begeben Sie sich bitte zum Ausgang B.
la **agencia de viajes**	Reisebüro
Mientras **haces las maletas** voy a recoger los billetes a la agencia de viajes.	Während du die Koffer packst, hole ich die Tickets im Reisebüro ab.
el **prospecto**	Prospekt
el **folleto**	Prospekt
reservar	reservieren; buchen

---

las **vacaciones**	Ferien, Urlaub
el **equipaje**	Gepäck
la **consigna**	Gepäckaufbewahrung
la **maleta**	Koffer
la **llegada**	Ankunft
la **salida**	Abreise; Ausgang
partir	abreisen; abfahren
recorrer	bereisen
el **regreso**	Rückkehr
Al regreso de Cuba me encontré a Ricardo en el aeropuerto.	Bei der Rückkehr aus Kuba traf ich Ricardo im Flughafen.
el **retraso**	Verspätung
el **recuerdo**	Andenken, Souvenir

---

visitar	besuchen; besichtigen
el, la **guía**	Reiseleiter(in); Fremdenführer(in)
la **guía**	Reiseführer *(Buch)*
la **excursión**	Ausflug
impresionante	beeindruckend, eindrucksvoll
el, la **turista**	Tourist(in)
turístico, a	touristisch; Fremdenverkehrs-
Las Islas Canarias son un **centro turístico** muy importante.	Die Kanarischen Inseln sind ein wichtiges Urlaubszentrum.
el **turismo**	Tourismus, Fremdenverkehr
la **oficina de turismo**	Fremdenverkehrsamt
En las oficinas de turismo se puede informar sobre excursiones, hoteles y precios.	Bei den Fremdenverkehrsämtern kann man sich über Ausflüge, Hotels und Preise informieren.

el **visado**	Visum
la **aduana**	Zoll
declarar	anmelden
¿Tiene algo que declarar?	Haben Sie etwas zu verzollen?
el **aduanero**, la **aduanera**	Zollbeamter, -beamtin
la **frontera**	Grenze
controlar	kontrollieren
el **control**	Kontrolle
la **ficha**	Formular
forastero, a	fremd; ausländisch

el **preparativo**	Vorbereitung
la **mochila**	Rucksack
el **agroturismo**	Ferien auf dem Bauernhof
anular	annullieren; stornieren
la **temporada**	Saison
la **temporada alta**	Hochsaison
la **temporada baja**	Nachsaison

disfrutar (de)	genießen
satisfecho, a	zufrieden
contemplar	betrachten
Contemplé los cuadros de Picasso en el museo Reina Sofía.	Ich betrachtete die Gemälde von Picasso im Museum Reina Sofía.
el **panorama**	Panorama
perderse	sich verirren, sich verlaufen
el **mapa**	(Land-, Straßen-)Karte
¿Nos puede indicar en el mapa si vamos bien para Toledo?	Können Sie uns auf der Karte zeigen, ob wir auf dem richtigen Weg nach Toledo sind?

el **servicio**	Toilette
¿Dónde está el **servicio para señoras?**	Wo ist die Damentoilette?
el **área de servicio** *f*	Rasthof
la **ruta**	Strecke
el **autostop**	Autostopp

11.2 Unterkunft

el **hotel**	Hotel
encontrar	finden
la **pensión**	Pension
el **hostal**	Gasthaus; preiswertes Hotel
Las pensiones son más baratas que los hoteles y los hostales.	Pensionen sind billiger als Hotels und Gasthäuser.

la **recepción**	Rezeption, Empfang

la **habitación**	Zimmer
individual	einzeln
Quisiera una **habitación individual** con ducha o baño.	Ich möchte ein Einzelzimmer mit Dusche oder Bad.
doble	doppelt
Quisiera una **habitación doble**.	Ich hätte gern ein Doppelzimmer.
completo, a	besetzt, belegt; vollständig
media pensión	Halbpension
pensión completa	Vollpension
¿Cuánto cuesta una habitación doble con pensión completa?	Was kostet ein Doppelzimmer mit Vollpension?
libre	frei
ocupado, a	besetzt, belegt
¿Tienen ustedes una habitación libre? – No, todas están ocupadas.	Haben Sie ein freies Zimmer? – Nein, alle Zimmer sind belegt.
la **reserva**	(Hotel-)Reservierung
¿Los señores tienen reserva?	Haben die Herrschaften reserviert?
reservado, a	reserviert; gebucht
el **formulario**	Formular
rellenar	ausfüllen
deletrear	buchstabieren

el **alojamiento**	Unterkunft
alojar	beherbergen, unterbringen
alojarse	wohnen, untergebracht sein
la **estancia**	Aufenthalt
la **estrella**	Stern
el **albergue juvenil**	Jugendherberge

el **confort**	Komfort; Bequemlichkeit
confortable	komfortabel, bequem
el **ascensor**	Aufzug
el **huésped**	Gast
el, la **recepcionista**	Portier, Empfangsdame
llamar	wecken
¿A qué hora desean que les llame?	Um wie viel Uhr möchten Sie geweckt werden?
el **mozo**	Laufbursche; Hotelpage; Gepäckträger

acampar	zelten
el **camping**	Zelt-, Campingplatz
la **tienda de campaña**	Zelt
¿Se pueden alquilar tiendas de campaña en este camping?	Kann man auf diesem Campingplatz Zelte mieten?
la **caravana**	Wohnwagen
el **saco de dormir**	Schlafsack

11.3 Sehenswürdigkeiten

situado, a	gelegen, liegend
San Sebastián **está situada en** la costa cantábrica.	San Sebastián liegt an der kantabrischen Küste.
el **centro**	Zentrum, Innenstadt
el **monumento**	Denkmal
La ciudad antigua de Toledo es un monumento histórico.	Die Altstadt von Toledo ist ein historisches Denkmal.
el **museo**	Museum
la **catedral**	Kathedrale
el **(parque/jardín) zoológico**	Zoo
el **palacio**	Palast
el **castillo**	Burg; Schloss
Castilla significa tierra de castillos.	Kastilien bedeutet Land der Burgen.
la **muralla**	Festungsmauern; Stadtmauern
el **molino de viento**	Windmühle
la **ruina**	Ruine
habitado, a	bewohnt
el **acueducto**	Aquädukt
El acueducto de Segovia fue construido por los romanos.	Der Aquädukt von Segovia wurde von den Römern erbaut.
recomendable	empfehlenswert
Una visita al museo de Dalí en Figueras es recomendable.	Ein Besuch des Dalí-Museums in Figueras ist zu empfehlen.
la **mezquita**	Moschee
La mezquita de Córdoba y la Alhambra de Granada son monumentos importantes de la cultura árabe.	Die Moschee in Córdoba und die Alhambra in Granada sind bedeutende Denkmäler der arabischen Kultur.

12 Bildende Kunst, Musik, Literatur

12.1 Bildende Kunst

el **arte**	Kunst
la **exposición**	Ausstellung
exponer	ausstellen
¿Ya has expuesto tus últimos cuadros?	Hast du schon deine neuen Bilder ausgestellt?
la **galería**	Galerie
el, la **artista**	Künstler(in)
el **crítico**, la **crítica**	Kritiker(in)
el **pintor**, la **pintora**	Maler(in)
pintar	malen; streichen
dibujar	zeichnen
el **cuadro**	Gemälde, Bild
el **original**	Original
la **reproducción**	(Nach-)Druck; Reproduktion
restaurar	restaurieren
el, la **dibujante**	Zeichner(in)
el **retrato**	Porträt
el **autorretrato**	Selbstporträt
el **modelo**	Modell
la **inspiración**	Inspiration
la **acuarela**	Aquarell
el **óleo**	Ölgemälde
el **diseño**	Entwurf, Skizze; Zeichnung; Muster
diseñar	zeichnen; skizzieren; entwerfen
la **gráfica**	Graphik
el **cartel**	Plakat; Poster
estético, a	ästhetisch
el **escultor**, la **escultora**	Bildhauer(in)
la **escultura**	Skulptur, Plastik
la **estatua**	Statue
Al final de las Ramblas de Barcelona está la estatua de Colón.	Am Ende der Ramblas von Barcelona steht die Kolumbusstatue.
la **pintada**	Graffiti
mudéjar	Mudejar-
Los musulmanes en territorio cristiano, crearon el arte mudéjar.	Die Moslems, die in christlichem Gebiet lebten, haben die Mudejar-Kunst geschaffen.
barroco, a	barock; Barock-
románico, a	romanisch
el **Renacimiento**	Renaissance

12.2 Musik und Tanz

la **música**	Musik
el **músico**, la **música**	Musiker(in)
la **banda (de música)**	(Blas-)Musikkapelle; Spielmannszug; Band
tocar	spielen; musizieren
el **instrumento**	(Musik-)Instrument
la **guitarra**	Gitarre
el **piano**	Klavier
el **sonido**	Klang

el, la **cantante**	Sänger(in)
la **canción**	Lied
cantar	singen
el **concierto**	Konzert

el **CD**, el **compact disc**	CD
el **tocadiscos compacto** *sg*	CD-Spieler
el **casete**	Kassettenrekorder
la **casete**	Kassette
la **cinta (virgen)**	Tonband; Kassette (unbespielt)
el **disco**	Schallplatte
el **tocadiscos** *sg*	Schallplattenspieler
grabar	bespielen, aufnehmen
la **grabación**	Aufnahme

el **bailarín**, la **bailarina**	(Ballett-)Tänzer(in)
el **bailaor**, la **bailaora**	Flamencotänzer(in)
el **flamenco**	Flamenco
el **tango**	Tango
la **salsa**	Salsa

el **director de orquesta**, la **directora de orquesta**	Dirigent(in)
la **orquesta**	Orchester; Kapelle
el **compositor**, la **compositora**	Komponist(in)
la **composición**	Musikstück; Komposition
componer	komponieren
Granados compuso muchos conciertos para piano.	Granados komponierte viele Klavierkonzerte.
el **conjunto**	(Tanz-)Gruppe; (Musik-)Gruppe
la **gira**	Tournee
El útimo año **estuvimos de gira** con el grupo.	Im letzten Jahr waren wir auf Tournee mit der Band.

clásico, a	klassisch
contemporáneo, a	zeitgenössisch

moderno, a	modern
el **coro**	Chor
el **canto**	Gesang; Lied
el **tono**	Ton; Tonart
la **nota**	(Musik-)Note
el **micrófono**	Mikrofon
la **ópera**	Oper
la **opereta**	Operette
la **zarzuela**	Zarzuela
La zarzuela es un género de teatro musical típico de España.	Die Zarzuela ist ein typisches Musiktheater aus Spanien.
el **musical**	Musical
el **ritmo**	Rhythmus
la **melodía**	Melodie

12.3 Literatur

la **cultura**	Kultur
cultural	kulturell
la **literatura**	Literatur
La literatura española empieza en el siglo XII con *El Cantar de Mío Cid*.	Die spanische Literatur beginnt im 12. Jahrhundert mit *El Cantar de Mío Cid*.
el **autor**, la **autora**	Schriftsteller(in), Autor(in)
el **escritor**, la **escritora**	Schriftsteller(in)
escribir	schreiben
la **crítica**	Kritik
la **novela**	Roman
la **novela de aventuras**	Abenteuerroman
la **novela policíaca**	Kriminalroman
la **novela de ciencia-ficción**	Sciencefictionroman
la **novela histórica**	historischer Roman
el **cuento**	Erzählung, Novelle; Märchen
Cuéntame un **cuento de hadas**.	Erzähl mir ein Märchen.
el **poema**	Gedicht
la **comedia**	Komödie
la **tragedia**	Tragödie
el **texto**	Text
el **título**	Titel
el **personaje**	Figur, Person
el, la **protagonista**	Protagonist(in)
el **actor secundario**	Nebenfigur
el **estilo**	Stil

el **comienzo**	Anfang
el **final**	Ende
literario, a	literarisch
el **patrimonio**	Erbe
El patrimonio literario catalán es muy rico.	Das literarische Erbe Kataloniens ist sehr reich.
el, la **novelista**	Romanautor(in)
célebre	berühmt
el **dramaturgo**, la **dramaturga**	Dramatiker(in)
Valle-Inclán y García Lorca son dramaturgos muy famosos.	Valle-Inclán und García Lorca sind sehr berühmte Dramatiker.
la **obra de teatro**	Theaterstück
el **poeta**, la **poetisa**	Dichter(in)
Antonio Machado fue un gran poeta español.	Antonio Machado war ein großer spanischer Dichter.
el **género**	Gattung
la **poesía**	Poesie, Dichtung
la **estrofa**	Strophe
la **rima**	Reim
el **relato**	Erzählung
el **argumento**	Handlung; Thema
el **diálogo**	Dialog
el **monólogo**	Monolog
la **estructura**	Struktur; Aufbau
el **párrafo**	Absatz, Abschnitt
el **capítulo**	Kapitel
la **cita**	Zitat
la **introducción**	Einleitung; Einführung
el **resumen**	Zusammenfassung
resumir	zusammenfassen
la **interpretación**	Interpretation
el **acto**	Akt
la **escena**	Szene
la **indicación del director**	Regieanweisung
la **leyenda**	Sage, Legende
el **romanticismo**	Romantik
el **romancero**	Romanzero; (Romanzen-)Dichtung; (Romanzen-)Sänger
El romancero es un género literario de tradición popular.	Der Romanzero ist eine traditionell volkstümliche, literarische Gattung.

13 Geschichte, Religion

13.1 Geschichte

la **historia**	Geschichte
histórico, a	historisch, geschichtlich
la **Edad Media**	Mittelalter
el **Siglo de Oro**	goldenes Zeitalter *(16. und 17. Jahrhundert)*
El *Siglo de Oro* es la época más importante de la literatura española.	Das goldene Zeitalter ist die wichtigste Epoche der spanischen Literatur.
la **época**	Epoche; Zeit(abschnitt)

el **emperador**, la **emperatriz**	Kaiser(in)
el **rey**, la **reina**	König(in)
La reina Isabel I ayudó a Colón en su descubrimiento de América.	Die Königin Isabella I. unterstützte Kolumbus bei der Entdeckung Amerikas.
el **reino**	(König-)Reich
reinar	regieren, herrschen
el, la **noble**	Adlige(r)
la **aristocracia**	Aristokratie
el **conde**, la **condesa**	Graf, Gräfin
el **marqués**, la **marquesa**	Marquis, Marquise
el **duque**, la **duquesa**	Herzog(in)

el **imperio**	Imperium; (Kaiser-)Reich
romano, a	römisch
la **civilización**	Zivilisation, Kultur
la **conquista**	Eroberung
conquistar	erobern
la **Reconquista**	Wiedereroberung
La Reconquista duró desde 711 hasta 1492.	Die Wiedereroberung Spaniens dauerte von 711 bis 1492.
el **moro**, la **mora**	Maure, Maurin

el **descubrimiento**	Entdeckung
colonizar	kolonisieren; besiedeln
descubrir	entdecken
América fue descubierta en 1492.	Amerika wurde 1492 entdeckt.
el **descubridor**	Entdecker
el **conquistador**	Eroberer
la **colonización**	Kolonisierung
el **esclavo**, la **esclava**	Sklave, Sklavin
la **espada**	Schwert
la **independencia**	Unabhängigkeit

el **historiador**, la **historiadora**	Historiker(in)

arqueológico, a	archäologisch
el **hallazgo**	Fund
prehistórico, a	prähistorisch, vorgeschichtlich

la **invasión**	Invasion, Einmarsch
visigodo, a	westgotisch
germánico, a	germanisch
hispánico, a	(hi)spanisch
ibérico, a	iberisch
expulsar	vertreiben
la **sucesión**	(Erb-)Folge

13.2 Religion

la **religión**	Religion
religioso, a	religiös
creer (en)	glauben (an)
Dios	Gott
¡Dios mío!	Mein Gott!
el **ángel**	Engel
rezar	beten
el **alma** *f*	Seele
el **espíritu**	Geist
la **Biblia**	Bibel
la **misa**	Messe

la **Iglesia**	katholische Kirche
el **cristiano**, la **cristiana**	Christ(in)
cristiano, a	christlich
el **musulmán**, la **musulmana**	Mohammedaner(in), Moslem, Muslim(e)
islámico, a	islamisch
el **judío**, la **judía**	Jude, Jüdin
judío, a	jüdisch
hebreo, a	hebräisch
el, la **budista**	Budhist(in)
el, la **hinduista**	Hinduist(in)

la **iglesia**	Kirche
el **monasterio**	Kloster
la **parroquia**	Pfarrei
el **cura**	Pfarrer, Geistlicher
el **sacerdote**, la **sacerdotisa**	Priester(in)
el **pastor (protestante)**	(evangelischer) Pastor

san	heilig; Sankt
sagrado, a	heilig
la **conciencia**	Gewissen
pecar	sündigen
el **pecado**	Sünde

el **paraíso**	Paradies
el **diablo**	Teufel
el **infierno**	Hölle

el **cristianismo**	Christentum
el **protestantismo**	Protestantismus
el, la **protestante**	Protestant(in)
protestante	protestantisch
el **catolicismo**	Katholizismus
el **católico**, la **católica**	Katholik(in)
católico, a	katholisch
ateo, a	atheistisch

el **Papa**	Papst
el **arzobispo**	Erzbischof
el **obispo**	Bischof
El obispo **dirá misa** el domingo.	Der Bischof wird am Sonntag die Messe lesen.
el **monje**, la **monja**	Mönch, Nonne
la **oración**	Gebet

Cristo	Christus
el **santo**, la **santa**	Heilige(r)
la **Virgen María**	Jungfrau Maria
el **discípulo**	Jünger; Schüler
el **apóstol**	Apostel

el **símbolo**	Symbol
el **bautizo**	Taufe
bautizar	taufen
la **comunión**	Kommunion
la **confirmación**	Firmung; Konfirmation

el **evangelio**	Evangelium
la **creación**	Schöpfung
la **confesión**	Beichte
confesarse	die Beichte ablegen, beichten

el, la **creyente**	Gläubige(r)
la **fe**	Glaube
el **sacrificio**	Opfer
hacer un sacrificio	ein Opfer bringen
el **crucifijo**	Kruzifix
la **cruz**	Kreuz
el **milagro**	Wunder

la **capilla**	Kapelle
el **convento**	Kloster
el **templo**	Tempel
la **sinagoga**	Synagoge
el **dios**, la **diosa**	Gott, Göttin

14 Staat, Gesellschaft, Politik

14.1 Verfassung, staatliche Institutionen

la **Nación**	Nation; Volk
el **pueblo**	Volk
el **Estado**	Staat
estatal	staatlich
federal	föderativ, föderal

el **régimen**	Regime; Regierungsform
el **sistema**	System
la **dictadura**	Diktatur
el **dictador**	Diktator
la **democracia**	Demokratie
la **república**	Republik

la **Corona**	Krone; Königreich
las **Cortes**	Cortes *(Königshof und beide Kammern des Parlaments)*
el **Congreso**	Kongress
el **Parlamento**	Parlament
el **diputado**, la **diputada**	Abgeordnete(r)

el **gobierno**	Regierung
gobernar	regieren
el **presidente**, la **presidenta**	Präsident(in)
el **ministro**, la **ministra**	Minister(in)
nombrar	ernennen
el **ministerio**	Ministerium
el Ministerio de Asuntos Exteriores	Außenministerium
el **gobernador**	Gouverneur
civil	zivil; Zivil-
el **Senado**	Senat
el **senador**, la **senadora**	Senator(in)

administrar	verwalten
la **administración**	Verwaltung
la administración pública	öffentliche Verwaltung
la **comisión**	Kommission
la **diputación**	Provinzverwaltung

la **Constitución**	Verfassung
la **libertad**	Freiheit
la **igualdad**	Gleichheit
constitucional	Verfassungs-; verfassungsmäßig
la **reunificación**	Wiedervereinigung
la **monarquía**	Monarchie
parlamentario, a	parlamentarisch

la **junta militar**	Militärjunta
suprimir	abschaffen, beseitigen
humano, a	menschlich
Franco suprimió los principios democráticos y los **derechos humanos**.	Franco schaffte die demokratischen Grundsätze und die Menschenrechte ab.

las **autoridades**	Behörde; Ämter
el **departamento**	Amt; Behörde
el **departamento de extranjeros**	Ausländerbehörde
el **registro**	Verzeichnis, Register; Standesamt
Los matrimonios, nacimientos y muertes se inscriben en **el Registro Civil**.	Ehen, Geburten und Todesfälle werden beim Standesamt eingetragen.
Hacienda	Finanzamt; Steuerbehörde; Finanzministerium
fiscal *adj*	steuerlich; Steuer-

14.2 Politik, politische Systeme

la **política**	Politik
político, a	politisch
el **político**, la **política**	Politiker(in)
público, a	öffentlich
la **oposición**	Opposition
la **reforma**	Reform
acordar	beschließen

el **capitalismo**	Kapitalismus
el **comunismo**	Kommunismus
Durante cuarenta años el comunismo estuvo prohibido en España.	40 Jahre lang war der Kommunismus in Spanien verboten.
el **socialismo**	Sozialismus
liberal	liberal
el **liberalismo**	Liberalismus

el **partido**	Partei
la **derecha**	die Rechte *(Partei, Politik)*
radical	radikal
la **izquierda**	die Linke *(Partei, Politik)*
moderado, a	gemäßigt
libre	frei
nacional	national; staatlich; Landes-
la **fuerza**	Kraft
la **mayoría**	Mehrheit
la **minoría**	Minderheit

elegir	wählen, auswählen
las **elecciones**	Wahlen
votar	wählen, (ab)stimmen
el **voto**	Stimme
el, la **votante**	Wähler(in), Abstimmende(r)
el **candidato**, la **candidata**	Kandidat(in)
obtener	erhalten; erzielen
el **poder**	Macht
las **campañas electorales**	Wahlkampf
el **censo electoral**	Wählerliste
inscribirse	sich eintragen, sich einschreiben
prepararse	sich vorbereiten
la **votación**	Abstimmung; Wahl
la **participación**	Beteiligung
la **encuesta**	(Meinungs-)Umfrage
representativo, a	repräsentativ
el **líder**	Parteivorsitzende(r); Spitzenkandidat(in); Führer(in)
el **alcalde**, la **alcaldesa**	Bürgermeister(in)

la **ideología**	Ideologie
republicano, a	republikanisch
democrático, a	demokratisch
El gobierno democrático tiene que luchar contra el terrorismo.	Die demokratische Regierung muss gegen den Terrorismus kämpfen.
el, la **demócrata**	Demokrat(in)
capitalista	kapitalistisch
comunista	kommunistisch
socialista	sozialistisch
progresivo, a	fortschrittlich, progressiv
progresista	fortschrittlich, progressiv
progresar	fortschreiten
conservador(a)	konservativ

el **fascismo**	Faschismus
el, la **fascista**	Faschist(in)
franquista	frankistisch, Franco-
el **caudillo**	Führer
el, la **patriota**	Patriot(in)
patriótico, a	patriotisch

el **nacionalismo**	Nationalismus
el **racismo**	Rassismus
el **regionalismo**	Regionalismus
el **centralismo**	Zentralismus
la **tendencia**	Richtung, Tendenz
los, las **fundamentalistas**	die Fundamentalisten, die Fundamentalistinnen

el **acuerdo**	Vereinbarung
la **propuesta**	Vorschlag; Antrag
proponer	vorschlagen; beantragen
fundamental	wesentlich, grundlegend

la **intervención**	Intervention
la **manifestación**	Demonstration
La manifestación de los obreros es una demostración de su malestar.	Die Demonstration der Arbeiter ist ein Beweis ihrer Unzufriedenheit.
el, la **manifestante**	Demonstrant(in)
la **medida**	Maßnahme
la **corrupción**	Korruption

14.3 Gesetze, Rechtsprechung, Kriminalität, Polizei

la **justicia**	Gerechtigkeit, Recht; Justiz; Justizbehörde
el **juez**, la **jueza**	Richter(in)
el **tribunal**	Gericht
la **ley**	Gesetz
aprobar una ley	ein Gesetz verabschieden
condenar	verurteilen
castigar	bestrafen
justo, a	gerecht
injusto, a	ungerecht
advertir	warnen
juzgar	verurteilen; beurteilen

el, la **fiscal**	Staatsanwalt, Staatsanwältin
El fiscal pidió tres años de condena por **fraude fiscal**.	Der Staatsanwalt beantragte drei Jahre Haft wegen Steuerhinterziehung.
el **abogado**, la **abogada**	Rechtsanwalt, Rechtsanwältin
el **Defensor del Pueblo**	Ombudsmann

acusar	anklagen
el **acusado**, la **acusada**	Angeklagte(r)
confesar	gestehen
culpable	schuldig
inocente	unschuldig

la **policía**	Polizei
el, la **policía**	Polizist(in)
la **comisaría**	Kommisariat, (Polizei-)Wache; Polizeirevier
perseguir	verfolgen

detener	verhaften
denunciar	anzeigen
la **denuncia**	Anzeige
la **sospecha**	Verdacht
Tengo la sospecha de que me están engañando.	Ich habe den Verdacht, dass Sie mich betrügen.
el **atracador**, la **atracadora**	Straßenräuber(in)

escapar	entkommen
el **prisionero**, la **prisionera**	Häftling, Gefangene(r)
el **preso**, la **presa**	Gefangene(r), Häftling
El preso cumplió la pena.	Der Häftling saß die Strafe ab.
la **cárcel**	Gefängnis
la **prisión**	Gefängnis
la **pena**	Strafe, Bestrafung
No **merece la pena.**	Es lohnt sich nicht.

legalizar	legalisieren
legal	gesetzlich
el **juicio**	Prozess
la **sentencia**	Urteil
el **castigo**	Strafe
el **procedimiento**	Verfahren
el, la **testigo**	Zeuge, Zeugin
jurar	schwören
la **inocencia**	Unschuld
identificar	identifizieren
el **comisario**, la **comisaria**	Kommissar(in)
la **Guardia Civil**	Guardia Civil *(Landpolizei; Grenzschutz; Verkehrspolizei)*
sospechar	verdächtigen
amenazar	(be)drohen
el **interrogatorio**	Verhör
la **vigilancia**	Bewachung

14.4 Politischer Widerstand

la **revolución**	Revolution
Zapata fue muy importante para la revolución mexicana.	Zapata war für die mexikanische Revolution sehr wichtig.
revolucionario, a	revolutionär; Revolutions-
luchar	kämpfen
la **lucha**	Kampf
pacífico, a	friedlich
violento, a	gewaltsam

el **enemigo**, la **enemiga**	Feind(in)
la **guerra civil**	Bürgerkrieg

La Guerra Civil española duró de 1936 a 1939.	Der spanische Bürgerkrieg dauerte von 1936 bis 1939.
la **guerrilla**	Guerilla, Partisanengruppe
el **guerrillero**, la **guerrillera**	Guerillakämpfer(in), Freischärler(in)
el **terror**	Terror, Schrecken
el, la **terrorista**	Terrorist(in)
el **terrorismo**	Terrorismus
el **peligro**	Gefahr
la **seguridad**	Sicherheit

la **bomba**	Bombe
La **extrema derecha** colocó una bomba.	Die Rechtsradikalen legten eine Bombe.
estallar, explotar	explodieren
la **pistola**	Pistole
el **fusil**	Gewehr
disparar	schießen
combatir	kämpfen
armado, a	bewaffnet
la **metralleta**	Schnellfeuerwaffe; Maschinengewehr
la **bomba antipersonas**	Antipersonenmine
el **tiro**	Schuss

el **golpe militar**	(Militär-)Putsch
el **golpe de Estado**	Staatsstreich
la **resistencia**	Widerstand
la **represión**	Unterdrückung

la **tortura**	Folter
torturar	foltern
liberar	befreien
la **liberación**	Befreiung

14.5 Politische Einteilung Spaniens

la **provincia**	Provinz, Gliedstaat
el **territorio**	Gebiet
la **comunidad**	Gemeinschaft; Körperschaft
la **región**	Region
la **autonomía**	Autonomie, Selbstverwaltung
autónomo, a	selbstständig, autonom
la **Comunidad Autónoma**	autonome Region
la **unidad**	Einheit

vasco, a	baskisch; Baskisch; Baske, Baskin
el **País Vasco**; **Euskadi**	Baskenland
el **euskera**	baskische Sprache

gallego, a	galicisch; Galicisch; Galicier(in)
Galicia	Galicien
(el, la) **castellano, a**	kastilisch, spanisch; Spanisch; Kastillier(in)
Castilla	Kastilien
(el, la) **madrileño, a**	Madrider; Madrider(in)
Madrid	Madrid
(el, la) **catalán, catalana**	katalanisch; Katalanisch; Katalane, Katalanin
Cataluña; **Catalunya**	Katalonien
Las Baleares	Balearen
(el, la) **valenciano, a**	valencianisch; Valencianisch; Valencianer(in)
el **País Valenciano**	Region Valencia
(el, la) **andaluz(a)**	andalusisch; Andalusisch; Andalusier(in)
Andalucía	Andalusien
(el, la) **canario, a**	kanarisch; Kanarier(in)
Las Canarias	Kanaren, Kanarische Inseln

14.6 Internationale Beziehungen

internacional	international
la **Unión Europea (UE)**	die Europäische Union (EU)
las **Naciones Unidas (ONU)**	die Vereinten Nationen (UNO)
la **organización**	Organisation
La OTAN es la Organización del Tratado del Atlántico Norte.	Die NATO ist das westliche Verteidigungsbündnis, der Nordatlantikpakt.
el **organizador**, la **organizadora**	Veranstalter(in), Organisator(in)
los **países en vías de desarrollo**	Entwicklungsländer
los **países desarrollados**	Industrieländer
diplomático, a	diplomatisch
la **delegación**	Delegation
la **embajada**	Botschaft
el **embajador**, la **embajadora**	Botschafter(in)
el **delegado**, la **delegada**	Delegierte(r)
el **consulado**	Konsulat
el **cónsul**, la **consulesa**	Konsul(in)
negociar	verhandeln
la **negociación**	Verhandlung
las negociaciones de paz	Friedensverhandlungen
secreto, a	geheim

el **acuerdo**	Vereinbarung, Vertrag
el **tratado**	Vertrag; Abkommen
firmar un tratado	einen Vertrag unterzeichnen
la **sede**	Hauptsitz
cooperar	zusammenarbeiten
la **cooperación**	Zusammenarbeit
la **reunión en la cumbre**	Gipfeltreffen
mundial	Welt-
la **globalización**	Globalisierung
el **pacto**	Pakt; Vertrag
el **Tercer Mundo**	Dritte Welt
la **dependencia**	Abhängigkeit
independiente	unabhängig
el **secreto**	Geheimnis
el, la **espía**	Spion(in)
el **traidor**, la **traidora**	Verräter(in)
exiliarse	ins Exil gehen
La mayoría de los intelectuales españoles se exilió después de la Guerra Civil.	Die Mehrheit der spanischen Intellektuellen ging nach dem Bürgerkrieg ins Exil.
el **exilio**	Exil

14.7 Krieg und Frieden

la **paz**	Friede(n)
la **guerra**	Krieg
enemigo, a	feindlich
atacar	angreifen
Nos atacaron **al amanecer**.	Sie griffen uns im Morgengrauen an.
el **ataque**	Angriff
sobrevivir	überleben
el, la **superviviente**	Überlebende(r)
la **victoria**	Sieg
defenderse	sich verteidigen, sich wehren
defender	verteidigen
la **defensa**	Verteidigung
la **víctima**	Opfer
huir	fliehen, flüchten
el **ejército**	Armee
las **Fuerzas Armadas**	Armee
el **soldado**, la **soldada**	Soldat(in)
la **mili** *pop*	Wehrdienst

el **objetor de conciencia**	Wehrdienstverweigerer
el **insumiso**	Wehr- und Zivildienstverweigerer
militar	militärisch; Militär-
la **marina**	Marine
la **infantería**	Infanterie
la **aviación**	Luftwaffe
La aviación alemana destruyó Guernica.	Die deutsche Luftwaffe zerstörte Guernica.
la **patria**	Vaterland

el **armamento**	Rüstung
nuclear	Atom-
la **guerra nuclear**	Atomkrieg
el **arma** *f*	Waffe
Las armas las carga el diablo. *loc*	Waffen werden vom Teufel geladen.
destruir	zerstören
el **desarme**	Abrüstung

la **agresión**	Aggression; Übergriff; Angriff
el **agresor**	Aggressor, Angreifer
invadir	überfallen
ocupar	besetzen
la **ocupación**	Besetzung
la **destrucción**	Zerstörung
la **guardia**	Wache
rechazar	(ab)wehren
el **refugio**	Zuflucht; Bunker
No hay **refugios atómicos** para todo el pueblo.	Es gibt keine Atombunker für das ganze Volk.
el **refugiado**	Flüchtling

la **orden**	Befehl
ordenar	befehlen
el **general**	General
el **oficial**	Offizier
la **base**	Stützpunkt

la **tropa**	Truppe
el **cañón**	Kanone; Geschütz
el **misil**	Flugkörper, Rakete
el **cohete**	Rakete
el **tanque**	Panzer

el **héroe**, la **heroína**	Held(in)
Ana es una heroína porque ya no consume heroína.	Ana ist eine Heldin, weil sie kein Heroin mehr nimmt.
heroico, a	heldenhaft

15 Wirtschaft und Geschäftsleben

15.1 Landwirtschaft, Fischerei und Bergbau

el **agricultor**, la **agricultora**	Landwirt(in), Bauer, Bäuerin
la **agricultura**	Landwirtschaft
agrícola	landwirtschaftlich
la **producción**	Erzeugung, Produktion
el **campo**	Feld, Acker
Los campos regados de Murcia y Valencia se llaman *huertas*.	Die bewässerten Felder von Murcia und Valencia heißen *huertas*.
el **campesino**, la **campesina**	Bauer, Bäuerin
el **labrador**, la **labradora**	Landwirt(in)
labrar	bestellen, pflügen
el **latifundio**	Großgrundbesitz
la **cooperativa**	Genossenschaft

el **cultivo**	Anbau
El cultivo del arroz en España se realiza principalmente en Valencia y Murcia.	In Spanien wird Reis hauptsächlich in Valencia und Murcia angebaut.
cultivar	anbauen
recoger	pflücken
la **tierra**	Boden
fértil	fruchtbar
el **tractor**	Traktor

criar	züchten, aufziehen
el **ganado**	Vieh
la **granja**	(Hühner-/ Zucht-)Farm
el **establo**	Stall
ordeñar	melken

la **pesca**	Fischfang
Las **catástrofes marítimas** dañan la pesca.	Seekatastrophen schaden dem Fischfang.
el **pez**	Fisch
el **pescador**, la **pescadora**	Fischer(in); Angler(in)
el **pescado**	(gefischter) Fisch
Algunos peces comen peces, pero las personas comen pescado..	Manche Fische fressen Fische, aber Menschen essen (gefischten) Fisch.
pescar	fischen; angeln

la **mina**	Mine, Bergwerk
el **minero**, la **minera**	Bergarbeiter(in)
En algunas minas los niños hacen el trabajo de mineros.	In einigen Bergwerken machen Kinder die Arbeit von Bergarbeitern.
la **minería**	Bergbau
el **producto**	Ware; Produkt

producir	herstellen, produzieren
sembrar	säen
la **semilla**	Samen, Samenkorn
regar	gießen, sprengen, bewässern
el **riego**	Bewässerung
cosechar	ernten
la **cosecha**	Ernte
el **abono**	Dünger
el **insecticida**	Schädlingsbekämpfungsmittel
la **viña**	Weinberg
la **vendimia**	Weinlese
el, la **terrateniente**	Großgrundbesitzer(in)
la **huerta**	Obst- und Gemüseland
el **invernadero**	Treibhaus
Almería produce frutos tropicales en invernaderos.	Almería baut tropische Früchte in Treibhäusern an.
el **rendimiento**	Ertrag
El rendimiento de la cosecha en esta región es abundante.	Der Ertrag der Ernte ist in dieser Gegend reichlich.
la **galería**	Stollen
la **explotación**	Abbau; Ausbeutung
La explotación del estaño es muy importante en Bolivia.	Der Zinnabbau ist sehr wichtig in Bolivien.

15.2 Industrie, Handwerk und Technik

la **industria**	Industrie
industrial	industriell
industrializado, a	entwickelt; industrialisiert
industrializar	industrialisieren
Extremadura **está por industrializar**.	Extremadura ist noch nicht industrialisiert.
la **fábrica**	Fabrik
fabricar	herstellen
el **artículo**	Artikel, Ware
la **serie**	Serie, Reihe
Este aparato se fabrica **en serie**.	Dieses Gerät wird serienmäßig hergestellt.
montar	montieren, zusammensetzen
el **motor**	Motor
reparar	reparieren
arreglar	reparieren
el **taller**	Werkstatt
sustituir	ersetzen
estropearse	kaputtgehen
consumir	verbrauchen

la **reparación**	Reparatur
la **artesanía**	(Kunst-)Handwerk
el **artesano**, la **artesana**	(Kunst-)Handwerker(in)
artesanal	handwerklich, Handwerks-
fundir	gießen; schmelzen
la **fundición**	Gießen; Schmelzen; (Eisen- und Stahl-)Gießerei; Hochofen
la **cerámica**	Töpferkunst; Keramik
la **orfebrería**	Goldschmiedekunst; -arbeit
la **ingeniería**	Technik
la **maquinaria**	Maschinenpark, Maschinerie
desarrollar(se)	(sich) entwickeln
el **desarrollo**	Entwicklung
El desarrollo de la **energía solar** es importante.	Die Entwicklung der Sonnenenergie ist wichtig.
la **energía**	Energie
la **energía nuclear**	Kern-, Atomenergie
eléctrico, a	elektrisch
la **tensión**	Spannung
¡Atención! Cable de alta tensión.	Vorsicht! Hochspannungskabel.
modificar	ändern, verändern
el **robot**	Roboter
el **progreso**	Fortschritt
transformar	umformen; verwandeln
establecer	einrichten
el **proceso**	Vorgang, Prozess

15.3 Betrieb

la **empresa**	Unternehmen, Firma
la **multinacional**	multinationales Unternehmen, Multi
el **jefe**, la **jefa**	Chef(in)
la **dirección**	Geschäftsführung
dirigir	leiten, führen
la **compañía**	Gesellschaft
el **departamento**	Abteilung
la **sucursal**	Zweigstelle
fundar	gründen
el **empresario**, la **empresaria**	Unternehmer(in)
las **PYMES** *pl*	klein- und mittelständische Betriebe

Muchos empresarios de pequeñas y medianas empresas (PYMES) **están en la ruina**.	Viele klein- und mitteständische Unternehmer stehen vor dem Bankrott.
el, la **gerente**	Geschäftsführer(in); Verwalter(in)
la **gestión**	(Geschäfts-)Führung
la **secretaría**	Sekretariat; Geschäftsstelle
el, la **contable**	Buchhalter(in)
la **contabilidad**	Buchhaltung
interno, a	innere(r, s)
la **asociación**	Handelsgesellschaft; Verband
la **quiebra**	Konkurs
La compañía **se declaró en quiebra**.	Die Gesellschaft meldete Konkurs an.
la **sociedad anónima**	Aktiengesellschaft

15.4 Handel, Dienstleistungen und Versicherungen

la **economía**	Wirtschaft
económico, a	wirtschaftlich; sparsam
la **exportación**	Export
exportar	exportieren
la **empresa exportadora**	Ausfuhrunternehmen, Ausfuhrfirma
importar	importieren, einführen
la **importación**	Import

---

el **comercio**	Handel
El comercio se queja por el aumento del I.V.A. (Impuesto sobre el Valor Añadido).	Der Handel beschwert sich über die Erhöhung der Mehrwertsteuer.
el **comercio exterior**	Außenhandel
el **comercio interior**	Binnenhandel
el **comercio al por mayor**	Großhandel
el **comercio al por menor**	Einzelhandel
comerciar	handeln, Handel treiben
el, la **comerciante**	Kaufmann, -frau; Geschäftsmann, -frau; Händler(in)
el, la **representante**	Verteter(in)
el, la **viajante**	(Handlungs-)Reisende(r)
el, la **mayorista**	Großhändler(in)
el, la **minorista**	Einzelhändler(in)

---

el **sector terciario**, el **sector de servicios**	Dienstleistungssektor
el **supermercado**	Supermarkt
el **hipermercado**	Verbrauchermarkt
los **grandes almacenes**	Kaufhaus
el **puesto**	Marktstand

el **negocio**	Geschäft; Laden
la **venta**	Absatz; Verkauf
la **compra**	Kauf; Ankauf; Einkauf
la **condición**	Bedingung

la **mercancía**	Ware
encargar	beauftragen
el **encargo**	Auftrag
ofrecer	anbieten
suministrar	anliefern, zuliefern
el **suministro**	(Zu-)Lieferung
el **pedido**	Bestellung
la **oferta**	Angebot
la **demanda**	Nachfrage
la **factura**	Rechnung
la **correspondencia comercial**	Handelskorrespondenz
la **comisión**	Provision
el **contrato**	Vertrag
firmar	unterschreiben
la **firma**	Unterschrift

la **agencia**	Agentur
el **seguro**	Versicherung
hacer/cancelar un seguro	eine Versicherung abschließen/kündigen
el **seguro de responsabilidad civil**	Haftpflichtversicherung
el **seguro de vida**	Lebensversicherung
el **seguro del hogar**	Hausratversicherung

la **crisis**	Krise
regular *adj/adv*	regelmäßig; mittelmäßig
Tengo ingresos regulares.	Ich habe regelmäßige Einkünfte.
la **inflación**	Inflation
(el) **Precio de Venta al Público (PVP)**	Verbraucherendpreis, Ladenverkaufspreis
el, la **economista**	Wirtschaftsfachmann, -fachfrau; Volkswirt(in)
la **competencia**	Konkurrenz, Wettbewerb; Zuständigkeit
Este asunto no **es de mi competencia**.	Diese Angelegenheit fällt nicht in meine Zuständigkeit
competir	konkurrieren; sich mitbewerben

la **muestra**	(Waren-)Muster
el **surtido**	Sortiment
la **marca**	Marke

la **garantía**	Garantie
descargar	entladen

el **coste**	Kosten
El coste de la vida ha subido mucho.	Die Lebenshaltungskosten sind sehr gestiegen.
la **carga**	Abgaben, Last
el **consumidor**, la **consumidora**	Verbraucher(in)
el **consumo**	Verbrauch

15.5 Geld, Banken

el **dinero**	Geld
el **billete**	Geldschein
Los billetes y las monedas son **dinero en metálico**.	Scheine und Münzen sind Bargeld.
la **moneda**	Münze; Währung
gastar	ausgeben
la **cantidad**	(Geld-)Betrag; Summe

el **banco**	Bank
la **caja de ahorros**	Sparkasse
cambiar	wechseln
el **beneficio**	Gewinn
ahorrar	sparen
la **caja fuerte**	Tresor

la **cuenta**	Konto
la **cuenta corriente**	Girokonto
la **transferencia**	Überweisung
el **extracto de cuenta**	Kontoauszug
la **cartilla de ahorro**	Sparbuch
(el, la) **ahorrador(a)**	sparsam; Sparer(in)
el **interés**	Zins
el **gasto**	Kosten; Ausgaben
abonar	gutschreiben; einzahlen
¿Me pueden abonar este talón en mi cuenta corriente?	Können Sie mir diesen Scheck auf mein Girokonto gutschreiben?
retirar	abheben
el, la **titular**	Inhaber(in); Berechtigte(r)
cancelar	sperren, löschen

el **cheque**	Scheck
el **cobro**	Zahlung, Einziehung
Para **el cobro con cheque** exija que esté conformado.	Für Scheckinkasso verlangen sie einen Bankscheck.
el **talón**	Scheck

El talón cruzado no se puede cobrar **en metálico.**	Man kann den Verrechnungsscheck nicht in bar einlösen.
el **talonario de cheques**	Scheckheft
cobrar	einlösen; kassieren

el **cajero**, la **cajera**	Kassierer(in)
el **cajero automático**	Geldautomat
la **tarjeta de crédito**	Kreditkarte
Este cajero automático no acepta su tarjeta de crédito.	Dieser Geldautomat nimmt Ihre Kreditkarte nicht an.
en efectivo	in bar
¿Paga con tarjeta? – No, en efectivo.	Zahlen Sie mit Kreditkarte? – Nein, in bar.
efectivo, a	effektiv; leistungsfähig
a plazos	auf Raten
el **cambio**	Kleingeld; Wechselgeld; Geldwechsel; (Wechsel-)Kurs
la **vuelta**	Wechselgeld
suelto, a	lose, einzeln
el **dinero suelto**	Kleingeld
el **resto**	Rest

la **deuda**	Schuld
prestar	leihen
el **crédito**	Kredit

valer	kosten
por	für
la **peseta**	Pesete
el **descuento**	Skonto; Ermäßigung
¿Cuánto descuento nos hace si pagamos al contado?	Wie viel Skonto geben Sie uns, wenn wir bar zahlen?
¿Hay un descuento para estudiantes?	Gibt es eine Studentenermäßigung?
la **ocasión**	Gelegenheit
los precios de ocasión	Gelegenheitspreise
la **rebaja**	Preisnachlass, Rabatt

ingresar	einzahlen
el **importe**	Betrag
los **ingresos**	Einkünfte; Einkommen
el **cheque de viaje**	Reisescheck
¿Aceptan ustedes cheques de viaje?	Nehmen Sie Reiseschecks an?
la **letra**	Wechsel
¿Aceptan el pago mediante una **letra de cambio**?	Akzeptieren Sie eine Zahlung per Wechsel?

el **deudor**, la **deudora**	Schuldner(in)
el **préstamo**	Darlehen

el **plazo**	Frist
calcular	(be)rechnen; errechnen

la **bolsa**	Börse
Ignacio es un **corredor de bolsa** muy astuto.	Ignacio ist ein sehr schlauer Börsenmakler.
el, la **accionista**	Aktionär(in)
la **acción**	Aktie
el **valor**	Wert; Wertpapier
invertir	investieren
el **inversor**, la **inversora**	Anleger(in), Investor(in)
la **inversión**	Anlage, Investition
la **pérdida**	Verlust
el **fondo**	Fonds, Vermögen, (Geld-)Mittel
En el fondo los **fondos de inversión** son rentables.	Im Grunde genommen sind Fonds rentabel.

la **suma**	Summe
el **recibo**	Quittung
el **impuesto**	Steuer
la **renta**	Einkommen, Ertrag
el **asesor fiscal**, la **asesora fiscal**	Steuerberater(in)

las **divisas**	Devisen
el **euro**	Euro
el **dólar**	Dollar
el **franco**	Franc
el **franco suizo**	Schweizer Franken
el **marco alemán**	Deutsche Mark
la **libra esterlina**	Englisches Pfund
el **peso**	Peso
El peso es la moneda de Argentina, Bolivia, Colombia, Cuba, Chile, la República Dominicana, México y Uruguay.	Der Peso ist die Währungseinheit in Argentinien, Bolivien, Kolumbien, Kuba, Chile, der Dominikanischen Republik, Mexiko und Uruguay.

16.1 Post und Telekommunikation

Correos	Post *(Institution)*
el **sello**	Briefmarke
el **correo**	Post *(Sendung)*
la **estafeta de correos**	Postamt
la **lista de correos**	postlagernd
la **carta**	Brief
la **tarjeta postal**	Postkarte
recibir	erhalten, bekommen
mandar	(zu)schicken, (zu)senden
el **paquete**	Paket; Päckchen
certificado, a	eingeschrieben, per Einschreiben
enviar	schicken
Carlos ha enviado una **carta certificada** al ayuntamiento.	Carlos hat ein Einschreiben an das Rathaus geschickt.
urgente	Eil-, eilig

el **buzón**	Briefkasten
¿Hay un buzón por aquí cerca?	Ist hier in der Nähe ein Briefkasten?
el **cartero**, la **cartera**	Briefträger(in)
la **dirección**	Adresse
el **código postal**	Postleitzahl
el **giro postal**	Postanweisung
contra reembolso	per Nachnahme
¿Prefiere pagar por giro postal o contra reembolso?	Möchten Sie per Postanweisung oder per Nachnahme bezahlen?

el **apartado (postal)**	Postfach
el **franqueo**	Porto
Esta carta no **lleva suficiente franqueo**.	Dieser Brief ist nicht ausreichend frankiert.
el **envío**	Versand
el **correo aéreo**	Luftpost
el **destinatario**	Empfänger
Te han devuelto la carta porque el destinatario es desconocido.	Man hat dir den Brief zurückgeschickt, weil der Empfänger unbekannt ist.
el **remite**	Absender
el, la **remitente**	Absender(in)

el **telegrama**	Telegramm
Telégrafos	Telegrafenamt
el **fax**	Fax
Envíennos los documentos por fax.	Schicken Sie uns die Dokumente per Fax.

el **teléfono**	Telefon
llamar por teléfono	anrufen
el **número de teléfono**	Telefonnummer
¿Cuál es su número de teléfono?	Wie ist Ihre Telefonnummer?
el **móvil**	Handy
la **cabina telefónica**	Telefonzelle
la **tarjeta telefónica**	Telefonkarte
Para algunas cabinas telefónicas se necesita una **tarjeta telefónica**.	In einigen Telefonzellen braucht man eine Telefonkarte.

marcar	wählen
¿Hay que **marcar un prefijo**?	Muss man eine Vorwahl wählen?
la **llamada**	Anruf
el **contestador automático**	Anrufbeantworter
el **mensaje**	Nachricht
Te **he dejado un mensaje** en el contestador automático.	Ich habe dir eine Nachricht auf den Anrufbeantworter gesprochen.
estar comunicando	besetzt sein
sonar	klingeln
¡Diga!	Hallo!; Ja, bitte? *(vom Angerufenen)*
¡Dígame!	Hallo!; Ja, bitte? *(vom Angerufenen)*
¡Oiga!	Hören Sie?; Hallo *(vom Anrufer)*
¡Óigame!	Hören Sie?; Hallo *(vom Anrufer)*

descolgar	abnehmen
localizar	erreichen
El teléfono **estaba descolgado**.	Der Hörer war nicht aufgelegt.
poner	verbinden
¡**Póngame con** la señora Brea, por favor!	Verbinden Sie mich bitte mit Frau Brea!
colgar	auflegen
¡Dolores! ¡Cuelga ya de una vez!	Dolores! Leg endlich auf!

la **llamada urbana**	Ortsgespräch
la **conferencia**	Ferngespräch
el **prefijo**	Vorwahl
la **comunicación**	Verbindung
la **línea**	Leitung
la **guía telefónica**	Telefonbuch
la **información**	Auskunft

16.2 Radio, Fernsehen

emitir	senden; ausstrahlen
la **radio**	Radio; Radiogerät
la **emisora**	(Radio-)Sender
¿Cuál es tu **emisora preferida**?	Welcher ist dein Lieblingssender?
escuchar	(zu)hören
la **publicidad**	Werbung
la **emisión**	(Rundfunk-)Sendung; (Fernseh-)Sendung; Ausstrahlung
el **locutor**, la **locutora**	Sprecher(in)
el, la **oyente**	Hörer(in)
el **volumen**	Lautstärke
¡Baja el volumen!	Stell es leiser!
el **altavoz**	Lautsprecher

la **televisión**, la **tele**	Fernsehen
interrumpir	unterbrechen
el **programa**	Programm
el **televisor**	Fernsehgerät
Los jóvenes llaman al televisor *caja tonta*.	Jugendliche nennen den Fernseher *caja tonta (dumme Kiste = Glotze)*.
las **noticias**	Nachrichten
la **entrevista**	Interview
entrevistar	interviewen
rodar	drehen
En mi barrio están rodando una película.	In meinem Stadtteil wird gerade ein Film gedreht.

transmitir	übertragen
en directo	Live-; live, direkt
Esta tarde transmiten un concierto **en directo vía satélite**.	Heute Nachmittag wird ein Konzert live per Satellit übertragen.
el **presentador**, la **presentadora**	Moderator(in)
el **reportero**, la **reportera**	Reporter(in)
el **reportaje**	Reportage
el, la **corresponsal**	Korrespondent(in)

el **documental**	Dokumentarfilm; Reportage
la **serie**	Serie
el **espectador**, la **espectadora**	Zuschauer(in)
el, la **televidente**	Fernsehzuschauer(in)

la **antena**	Antenne
Tenemos **antena parabólica**.	Wir haben eine Parabolantenne.

la **televisión por cable**	Kabelfernsehen
la **imagen**	Bild
Con la televisión por cable la imagen es mejor.	Mit Kabelfernsehen ist das Bild besser.
el **vídeo**	Video; Videorekorder
He visto la última película de Almodóvar **en vídeo**.	Ich habe den neuesten Film von Almodóvar auf Video gesehen.
la **videoteca**	Videothek

16.3 Presse und Bücher

los **medios de comunicación**	Massenmedien
la **prensa**	Presse
el **periódico**	Zeitung
el **diario**	Tageszeitung
la **revista**	Zeitschrift
la **redacción**	Redaktion; Ausarbeitung
el, la **periodista**	Journalist(in)
influir	beeinflussen
Los medios de comunicación pueden **influir en** la opinión pública.	Die Massenmedien können die öffentliche Meinung beeinflussen.

---

leer	lesen
el **libro**	Buch
el **diccionario**	Wörterbuch
la **página**	Seite
publicar	veröffentlichen
el **artículo**	Artikel
el **editorial**	Leitartikel
la **librería**	Buchhandlung
la **editorial**	Verlag
el **editor**, la **editora**	Verleger(in); Herausgeber(in)
el **anuncio**	(Werbe-)Anzeige; Annonce; Inserat

---

la **publicación**	Veröffentlichung, Publikation
la **crónica**	Chronik; Bericht
semanal	Wochen-
El Jueves es un semanal que sale los miércoles.	*El Jueves* ist eine Wochenzeitschrift, die mittwochs erscheint.
mensual	Monats-
agotado, a	vergriffen
suscribirse	abonnieren
el **quiosco (kiosco)**	Kiosk

---

imprimir	drucken

la **imprenta**	Druckerei
la **edición**	Ausgabe
¿Qué edición del *Quijote* tienes?	Welche Ausgabe des *Quijote* hast du?
el **índice**	Inhaltsverzeichnis

16.4 Multimedia, Computer

el **ordenador**	Computer, PC
la **computadora**	Computer; (Groß-, Zentral-)Rechner
la **disquetera**	Diskettenlaufwerk, Floppy
el **disquete**	Diskette
Siempre copio todos los trabajos en disquete.	Ich kopiere immer alle Arbeiten auf Diskette.
el **lector de CD-ROM / de DVD (Disco Versatil Digital)**	CD-ROM-Laufwerk / DVD Laufwerk
el **módem**	Modem
la **pantalla**	Bildschirm; Monitor
el **salvapantallas** *sg*	Bildschirmschoner
la **tarjeta de sonido**	Soundkarte
el **ratón**	Maus
el **teclado**	Tastatur
picar	eingeben, tippen
¿Hay que **picar una contraseña**?	Muss man ein Passwort eingeben?
la **impresora**	Drucker
el **disco duro**	Festplatte
la **memoria**	Speicher
la **tarjeta gráfica**	Graphikkarte
compatible	kompatibel
La tarjeta gráfica no es compatible con la pantalla.	Die Graphikkarte ist nicht mit dem Bildschirm kompatibel.
el **microprocesador**	Mikroprozessor
el **puerto**	Anschluss, Schnittstelle, Port
¿En qué puerto **tienes conectado** el ratón?	An welcher Schnittstelle hast du die Maus angeschlossen?

---

el **sistema operativo**	Betriebssystem
el **programa**	(Software-)Programm
el **tratamiento de textos**	Textverarbeitung
¿Me puede recomendar un buen programa de tratamiento de texto para mi ordenador?	Können Sie mir ein gutes Textverarbeitungsprogramm für meinen Computer empfehlen?
el **archivo**	Verzeichnis
el **fichero**	Datei
almacenar en / salvar	abspeichern in; sichern auf

¿En qué archivo almacenaste el fichero?	In welchem Verzeichnis hast du die Datei abgespeichert?
la **orden**	Befehl
borrar	löschen
la **ventana**	Fenster
el **menú**	Menü
marcar	markieren
copiar	kopieren
Antes de copiar tiene que marcar las palabras.	Vor dem Kopieren müssen sie die Worte markieren.
instalar	installieren, einrichten
la **red**	Netz(werk)
engancharse	sich aufhängen, abstürzen
Nada más instalar la red, se engancharon los ordenadores.	Kaum war das Netz installiert, stürzten alle Computer ab.
digital	digital
el **escáner**	Scanner
escanear	scannen

el **icono**	Symbol
iniciar	(Programm) starten
Pulsando el icono se inica el programa.	Klickt man auf das Symbol, startet das Programm.
la **actualización**	Update *(neuere Version eines Computerprogramms)*
cargar	laden
recuperar	wiederherstellen
la **copia de seguridad**	Sicherheitskopie, Backup
Pudimos recuperar los datos gracias a la copia de seguridad.	Dank der Sicherheitskopie konnten wir die Daten wiederherstellen.
la **copia pirata**	Raubkopie

programar	programmieren
el, la **programador(a)**	Programmierer(in)
el **procesamiento de datos**	Datenverarbeitung
el **banco de datos**	Datenbank
la **contraseña**	Passwort
la **conexión**	Anschluss, Verbindung
Tienes que **picar la contraseña** para establecer una conexión con el servidor.	Du musst das Passwort eingeben, um eine Verbindung zum Server aufzubauen.
bajar	herunterladen
el **virus**	Virus
el **antivirus**	Antivirusprogramm

Internet	Internet
navegar	surfen
A Marta le encanta **navegar por Internet.**	Marta gefällt es, im Internet zu surfen.
el **correo electrónico**	E-Mail; elektronische Post

Popularmente el correo electrónico se llama también *emilio* o *ismael.*	Gemeinhin wird E-Mail auch *emilio* oder *ismael* genannt.
la **arroba**	@ *(At, Klammeraffe)*
la **transmisión de datos**	Datenübertragung

---

el **servidor web**	Server, Internetanbieter
conectar	verbinden, Verbindung herstellen
el **acceso**	Zugang
No conseguís acceso a Internet si no **os conectáis a** un servidor primero.	Ihr bekommt keinen Zugang zum Internet, wenn ihr nicht voher eine Verbindung zu einem Internetanbieter herstellt.
el **buscador**	Suchmaschine
el **enlace**	Link
Los buscadores tienen enlaces a las páginas web.	Die Suchmaschinen haben Links zu den Web-Seiten.
la **página web**	Web-Seite
en línea	On-line-Betrieb
fuera de línea	Off-line-Betrieb
el **chat**	Chat
En el curso de español organizamos un chat muy divertido.	Im Spanischkurs haben wir einen sehr lustigen Chat organisiert.
chatear	chatten

17 Verkehr, Verkehrsmittel

17.1 Individualverkehr

el **tráfico**	Verkehr
circular	fahren
el **peatón**, la **peatona**	Fußgänger(in)
En las carreteras españolas una señal recuerda a los peatones que circulen por su izquierda.	Auf spanischen Landstraßen erinnert ein Schild die Fußgänger daran, auf der linken Straßenseite zu gehen.
la **bici(cleta)**	Fahrrad
el, la **ciclista**	(Fahr-)Radfahrer(in)
el **conductor**, la **conductora**	(Auto-)Fahrer(in)
conducir	fahren, steuern, lenken
la **moto**	Motorrad
el **casco**	(Sturz-)Helm
el **atasco**	(Verkehrs-)Stau

girar	abbiegen
Antes de girar tienes que esperar a que pasen los peatones.	Bevor du abbiegst, musst du warten, bis die Fußgänger vorbeigegangen sind.
derecho	geradeaus
Perdón, ¿el cine Rialto está cerca de aquí? – Sí, muy cerca. Siga esta calle **todo derecho**.	Entschuldigung, ist das Kino Rialto hier in der Nähe? – Ja, ganz in der Nähe. Fahren Sie diese Straße immer geradeaus.
seguir	weitergehen, weiterfahren
torcer	abbiegen

el **coche**	Auto; Wagen
el **auto(móvil)**	Auto
En Hispanoamérica, excepto en Uruguay, Chile y Argentina, se llama al automóvil *carro*.	In Hispanoamerika, außer in Uruguay, Chile und Argentinien, wird das Auto *carro (Karre; Fuhrwerk)* genannt.
el **camión**	Lastwagen
la **rueda**	Rad; Reifen
Me han pinchado las cuatro ruedas.	Man hat mir alle vier Reifen zerstochen.
el **motor**	Motor
la **gasolinera**	Tankstelle
el **área de servicio**	Raststätte
la **gasolina**	Benzin
la **gasolina sin plomo**	bleifreies Benzin
el **gasóleo**	Diesel
el **depósito**	Tank
Por favor, **lléneme el depósito** y **míreme el aceite**.	Machen Sie bitte den Tank voll und schauen Sie bitte nach dem Öl.

comprobar	überprüfen; kontrollieren
la **avería**	Panne
estropeado, a	defekt, beschädigt
la **marcha**	Gang
el **volante**	Lenkrad
acelerar	beschleunigen; Gas geben
la **bocina**	Hupe
el **maletero**	Kofferraum
transportar	transportieren
la **auto-escuela**	Fahrschule
el **carnet de conducir**	Führerschein
la **documentación del coche**	Kraftfahrzeugpapiere
la **matrícula**	polizeiliches Kennzeichen
el **alquiler de automóviles**	Autovermietung
la **grúa**	Abschleppwagen
aparcar	parken
¡Aquí no puede aparcar!	Hier dürfen Sie nicht parken!
estacionar	parken
el **estacionamiento**	Parken; Parkplatz
Estacionamiento prohibido.	Parken verboten.
la **multa**	Geldstrafe, Bußgeld
A Isabel le **pusieron una multa grande** por exceso de velocidad.	Isabel bekam eine hohe Geldstrafe wegen einer Geschwindigkeitsüberschreitung.
el **aparcamiento**	Parkplatz
la **zona azul**	Kurzparkzone
la **velocidad**	Geschwindigkeit
la **limitación de velocidad**	Geschwindigkeitsbegrenzung
el **peaje**	Autobahngebühr, Maut
la **desviación**	Umleitung
arrancar	anfahren, starten
frenar	bremsen
atropellar	überfahren; umrennen
Tuvimos que **frenar en seco**.	Wir mussten eine Vollbremsung machen.
el **freno**	Bremse
adelantar	überholen
chocar	zusammenstoßen
el **accidente**	Unfall
el **cinturón de seguridad**	Sicherheitsgurt
Es obligatorio **llevar puesto el cinturón de seguridad**.	Es ist Pflicht, angeschnallt zu fahren.
la **calle**	Straße
la **acera**	Gehsteig, Bürgersteig

No aparques en la acera porque te pondrán una multa.	Parke nicht auf dem Gehsteig, weil du sonst einen Bußgeldbescheid bekommst.
el **paso de peatones**	Fußgängerüberweg
la **señal de tráfico**	Verkehrszeichen
cruzar	überqueren; kreuzen
la **avenida**	Allee, breite Straße
atravesar	überqueren; kreuzen
el **semáforo**	Ampel
¡Nunca atraviese la avenida cuando el semáforo **esté en rojo**!	Überqueren Sie niemals die Straße, wenn die Ampel rot ist!
el **cruce**	Kreuzung

---

la **carretera**	Landstraße
En las carreteras españolas hay una limitación de velocidad (90/100 kilómetros).	Auf spanischen Landstraßen gibt es eine Geschwindigkeitsbeschränkung (90/100 km/h).
la **curva**	Kurve
la **autopista**	Autobahn
En España hay que pagar peaje en las autopistas.	In Spanien muss man auf Autobahnen Maut bezahlen.
la **autovía**	Schnellstraße
la **salida**	Ausfahrt
las **obras** *pl*	Bauarbeiten; Baustelle
cortar	sperren
La carretera está **cortada por obras**.	Die Landstraße ist wegen Bauarbeiten gesperrt.
la **entrada**	Einfahrt, Auffahrt

17.2 Öffentliches Verkehrswesen

el **transporte público**	öffentliche Verkehrsmittel
la **parada**	Haltestelle
Para ir al centro, ¿es ésta la parada?	Ist das hier die richtige Haltestelle für eine Fahrt in die Innenstadt?
parar	halten
¿Para aquí el autobús para Gerona?	Hält der Bus nach Gerona hier?
el **autobús**	Bus
pasar	vorbeifahren
¿A qué hora pasa el próximo autobús para Guadalajara?	Um wie viel Uhr fährt der nächste Bus nach Guadalajara?
el **billete**	Fahrkarte
el **taxi**	Taxi
el, la **taxista**	Taxifahrer(in)

el **ferrocarril**	Eisenbahn
la **estación**	Bahnhof
el **tren**	Zug
el **andén**	Bahnsteig
¿De qué andén sale el tren **para** Irún?	Von welchem Bahnsteig fährt der Zug nach Irún ab?
la **vía**	Gleis

el **enlace**	Verbindung
la **correspondencia**	Anschluss
procedente	aus
El tren procedente de Bilbao llegará con una hora de retraso.	Der Zug aus Bilbao wird mit einer Stunde Verspätung ankommen.
el **tren de cercanías**	Nahverkehrszug
la **Renfe** (Red Nacional de Ferrocarriles Españoles)	Renfe *(Spanisches Nationales Eisenbahnnetz)*
el **suplemento**	Zuschlag
el **revisor**, la **revisora**	Schaffner(in)
el **compartimento**	Abteil
el **vagón**	Waggon, Wagen
el **coche-restaurante**	Speisewagen
el **coche-cama**	Schlafwagen
la **ventanilla**	Schalter
la **ida**	Hinfahrt
la **vuelta**	Rückfahrt
Déme un **billete de ida y vuelta** para Córdoba.	Geben Sie mir bitte eine Rückfahrkarte nach Córdoba.
hacer transbordo	umsteigen
el **horario**	Fahrplan
el **asiento**	Sitzplatz

el **metro**	U-Bahn
el **tranvía**	Straßenbahn

el **avión**	Flugzeug
el **aeropuerto**	Flughafen
aéreo, a	Flug-, Luft-
despegar	abheben, starten
el **vuelo**	Flug
volar	fliegen
aterrizar	landen
¿Ya ha aterrizado el avión de Acapulco?	Ist das Flugzeug aus Acapulco schon gelandet?
la **azafata**	Stewardess
el **auxiliar de vuelo**	Steward
el **comandante**	(Flug-, Schiffs-)Kapitän
a bordo	an Bord *(Schiff, Flugzeug)*

En nombre del comandante les **damos la bienvenida** a bordo.	Im Namen des Kapitäns heißen wir Sie herzlich willkommen an Bord.
la **navegación**	Luftfahrt; Schifffahrt
Para **la navegación por alta mar** se necesita una brújula.	Für die Hochseeschifffahrt braucht man einen Kompass.
la **aviación**	Luftfahrt; Flugwesen
el **destino**	Flugziel
retrasarse	sich verspäten

---

el **barco**	Schiff
Un **viaje en barco** es muy agradable si no hay tempestad.	Eine Schiffsreise kann sehr angenehm sein, wenn kein Sturm aufkommt.
el **puerto**	Hafen
el **transbordador**	Fähre
El transbordador de Ibiza **acaba de llegar** al puerto de Barcelona.	Die Fähre von Ibiza ist gerade im Hafen von Barcelona eingelaufen.
desembarcar	ausschiffen, landen
marítimo, a	Meer-, See-

---

el **pasajero**, la **pasajera**	Passagier, Fahrgast; Schiffsreisende(r); Fluggast
Pasajeros con destino a Cádiz, por favor, diríjanse a la puerta número trece.	Die Fluggäste nach Cádiz werden gebeten, sich zum Ausgang Nummer 13 zu begeben.
el **pasaje**	Flugschein; Schiffskarte
embarcarse	sich abfertigen lassen, einchecken; an Bord gehen *(Schiff)*

---

navegar	zur See fahren; fahren; segeln
el **marinero**	Matrose, Seemann
marino, a	See-; Seemanns-, Matrosen-
orientarse	sich orientieren
la **barca**	Boot
el **ancla** *f*	Anker
el **nudo**	Knoten

---

el **naufragio**	Schiffbruch
el **náufrago**, la **náufraga**	Schiffbrüchige(r)
rescatar	retten
el **salvavidas** *sg*	Rettungsring

18 Natur, Umwelt, Ökologie

18.1 Weltall, Erde

el **planeta**	Planet
el **mundo**	Welt
la **tierra**	Erde
terrestre	irdisch
la **atmósfera**	Atmosphäre

el **sol**	Sonne
el **sistema solar**	Sonnensystem
la **luna**	Mond
Esta noche hay **luna llena**.	Heute Nacht ist Vollmond.
la **estrella**	Stern
brillar	leuchten, glänzen
el **signo del zodíaco**	Sternzeichen, Tierkreiszeichen
el **origen**	Ursprung; Herkunft

el **satélite**	Satellit
espacial	Weltraum-; räumlich
la **nave espacial**	Raumschiff
la **estación espacial**	Raumstation
la **órbita**	Umlaufbahn
el, la **astronauta**	Astronaut(in)
el **ovni**	UFO

Mercurio	Merkur
Venus	Venus
Marte	Mars
Júpiter	Jupiter
Saturno	Saturn
Urano	Uranus
Neptuno	Neptun
Plutón	Pluto

18.2 Geographie

la **tierra**	Erde
el **paisaje**	Landschaft
la **vista**	Aussicht
el **bosque**	Wald
el **campo**	Feld; Land
el **desierto**	Wüste
la **selva**	Urwald
pantanoso, a	sumpfig, morastig, moorig
el **pantano**	Stausee; Moor
la **llanura**	Ebene
la **meseta**	Hochebene
extenderse	sich erstrecken; sich ausbreiten

la **montaña**	Berg; Gebirge

La montaña más alta de España es el Teide en Tenerife.	Der höchste Berg Spaniens ist der Teide auf Teneriffa.
la **sierra**	Bergkette; Gebirge
la **cordillera**	Bergkette; Gebirge
el **monte**	Berg
el **pico**	(Berg-)Gipfel
el **valle**	Tal
la **cueva**	Höhle
montañoso, a	gebirgig
el **puerto**	(Gebirgs-)Pass
la **cuesta**	Hang; Anhöhe
la **colina**	Hügel
el **peñón**	Fels, Felskuppe

el **glaciar**	Gletscher
el **polo**	Pol

18.3 Gewässer, Küsten

la **fuente**	Quelle
el **lago**	See
el **río**	Fluss
el **arroyo**	Bach
desembocar	münden
la **orilla**	Ufer

el **mar**	Meer
mediterráneo, a	Mittelmeer-
el **océano**	Ozean
la **ola**	Welle
la **marea**	Gezeiten; Ebbe; Flut
atlántico, a	atlantisch
el **océano**	Ozean

la **costa**	Küste
la **cala**	Bucht
la **playa**	Strand
el **cabo**	Kap
peninsular	Halbinsel-
la **península**	Halbinsel
la **isla**	Insel
la **corriente**	Strömung
el **estrecho**	Meerenge
el **istmo**	Landenge

18.4 Klima, Wetter

hacer	sein *(mit Wetterangabe)*
el **tiempo**	Wetter

Hoy hace buen tiempo.	Heute ist schönes Wetter.
espléndido, a	herrlich, prächtig
cálido, a	warm
templado, a	lauwarm, mild
fresco, a	kühl; frisch
frío, a	kalt
el **frío**	Kälte
el **calor**	Wärme; Hitze
el **sol**	Sonne
la **sombra**	Schatten
la **puesta de sol**	Sonnenuntergang
la **salida del sol**	Sonnenaufgang
la **oscuridad**	Dunkelheit

la **temperatura**	Temperatur
el **grado**	Grad
el **termómetro**	Thermometer
marcar	anzeigen; kennzeichnen
El termómetro marca dos grados bajo cero.	Das Thermometer zeigt minus zwei Grad an.
máximo, a	Höchst-; maximal
mínimo, a	Tiefst-, minimal
seco, a	trocken
En Madrid **hace un calor** muy seco.	In Madrid herrscht eine trockene Hitze.

llover	regnen
la **lluvia**	Regen
la **gota**	Tropfen
mojarse	nass werden
húmedo, a	feucht
el **relámpago**	Blitz
el **trueno**	Donner
el **rayo**	Blitz(schlag)
la **humedad**	Feuchtigkeit
despejarse	sich aufhellen, aufklaren
despejado, a	heiter, wolkenlos
el **claro**	Aufheiterung
la **nubosidad**	Bewölkung; Wolkenbildung

el **granizo**	Hagel
nevar	schneien
la **nieve**	Schnee
helar	(zu)frieren
helado, a	gefroren; eiskalt, eisig
el **hielo**	Eis
la **helada**	Frost
la **nevada**	Schneefall
resbalar	ausrutschen

el **cielo**	Himmel

cubierto, a	bedeckt, bewölkt
la **nube**	Wolke
nublado, a	bewölkt, bedeckt
la **niebla**	Nebel
el **viento**	Wind
moderado, a	mäßig, ruhig
la **tormenta**	Gewitter; Sturm
el **ciclón**	Tief
el **anticiclón**	Hoch
soleado, a	sonnig
sereno, a	heiter, wolkenlos
constante	(be)ständig
la **sequía**	Trockenheit

la **tempestad**	Sturm; Gewitter
soplar	blasen; wehen
Hoy sopla un viento muy frío.	Heute bläst ein kalter Wind.
el **temporal**	Sturm
inundar	überschwemmen
el **terremoto**	Erdbeben

18.5 Materie, Stoffe

la **cosa**	Ding, Sache
la **materia**	Stoff, Substanz
estar compuesto,a de	bestehen aus
la **materia prima**	Rohstoff
el **material**	Material
la **sustancia**	Substanz
orgánico, a	organisch

la **madera**	Holz
la **caña de bambú**	Bambus(holz)
la **leña**	Brennholz
el **papel**	Papier
el **cristal**	Glas
frágil	zerbrechlich
sólido, a	fest, dicht, solide
el **vidrio**	Glas
el **mineral**	Mineral

el **metal**	Metall
el **hierro**	Eisen
el **acero**	Stahl
el **cobre**	Kupfer
el **plomo**	Blei
el **estaño**	Zinn
el **mercurio**	Quecksilber
el **alambre**	Draht

el **carbón**	Kohle
el **gas**	Gas
el **petróleo**	Erdöl
el **plástico**	Plastik, Kunststoff
la **goma**	Gummi
el **barro**	Ton; Schlamm
la **cera**	Wachs
la **grasa**	Fett
el **azufre**	Schwefel
el **fósforo**	Phosphor
el **butano**	Butangas
el **oxígeno**	Sauerstoff
el **hidrógeno**	Wasserstoff
el **nitrógeno**	Stickstoff

inflamable	brennbar, entzündbar
arder	brennen
la **llama**	Flamme
el **humo**	Rauch
el **vapor**	Dampf
la **máquina a vapor**	Dampfmaschine

18.6 Pflanzen, Blumen und Bäume

la **vegetación**	Pflanzenwuchs, Vegetation
variado, a	vielfältig
la **planta**	Pflanze
plantar	pflanzen
la **semilla**	Samen(korn)
la **raíz**	Wurzel
secar	austrocknen
la **rama**	Zweig, Ast
¡No te vayas por las **ramas!** *loc*	Schweife nicht vom Thema ab!
la **hoja**	Blatt

la **flor**	Blume; Blüte
Los almendros ya **están en flor.**	Die Mandelbäume blühen schon.
el **ramo de flores**	Blumenstrauß
la **rosa**	Rose
el **rosal**	Rosenstrauch, Rosenstock
el **geranio**	Geranie
el **clavel**	Nelke
la **margarita**	Margerite
la **margarita silvestre**	Gänseblümchen

el **árbol**	Baum
el **fruto**	Frucht

el **olivo**	Ölbaum
frutal	Obst-
el **limonero**	Zitronenbaum
el **almendro**	Mandelbaum
el **higo**	Feige
la **higuera**	Feigenbaum
el **manzano**	Apfelbaum
el **platanero**	Bananenbaum
el **mango**	Mangobaum; Mango(frucht)
el **cacao**	Kakao(strauch)
la **caña de azúcar**	Zuckerrohr
la **palmera**	Palme
el **coco**	Kokosnuss
comestible	essbar

el **pino**	Pinie; Kiefer
el **pinar**	Pinienwald; Kiefernwald
el **tronco**	Stamm
hueco, a	hohl
la **corteza**	Rinde; Schale
el **alcornoque**	Korkeiche
la **cáscara**	Schale
el **grano**	(Samen-)Korn
el **hueso**	Kern *(Steinobst)*
la **pepita**	Kern *(Apfel, Birne …)*

los **cereales** *pl*	Getreide
el **trigo**	Weizen
el pan de trigo	Weizenbrot
la **cebada**	Gerste
el **centeno**	Roggen
la **avena**	Hafer
el **maíz**	Mais
el **girasol**	Sonnenblume
la **remolacha**	Rübe

la **hierba**	Kraut; Gras
la **mata**	Busch; Strauch
la **mora**	Brombeere; Maulbeere
el **matorral**	Gebüsch
el **laurel**	Lorbeer
el **romero**	Rosmarin
el **prado**	Wiese
el **trébol**	Klee, Kleeblatt
el **césped**	Rasen
la **paja**	Stroh
la **flora**	Flora
silvestre	wild, Wild-
la **seta**	Pilz

18.7 Tiere, Tierhaltung

el **animal**	Tier
la **fauna**	Fauna
el **macho**	Männchen, männliches Tier
la **hembra**	Weibchen, weibliches Tier
comer	fressen
echar de comer	füttern
dar de comer	füttern

el **pájaro**	Vogel
el **ala** *f*	Flügel
cantar	singen; krähen
el **pico**	Schnabel
la **pluma**	Feder
el **nido**	Nest
la **paloma**	Taube
el **pollo**	Huhn
el **gallo**	Hahn
la **gallina**	Huhn, Henne
el **pavo**	Puter, Truthahn
picar	picken; stechen

el **cisne**	Schwan
el **pato**	Ente
el **águila** *f*	Adler
el **loro**	Papagei
el **ruiseñor**	Nachtigall
la **cigüeña**	Storch
la **rana**	Frosch
el **gusano**	Wurm

el **ganado**	Vieh
el **conejo**, la **coneja**	Kaninchen
el **cerdo**, la **cerda**	Schwein; Sau
el **cordero**	Lamm
la **cabra**	Ziege
la **oveja**	Schaf
el **rebaño**	Herde

la **vaca**	Kuh
la **ternera**, el **ternero**	(Kuh-, Stier-)Kalb
el **toro**	Stier
el **cuerno**	Horn
la **mula**, el **mulo**	Maulesel
el **burro**, la **burra**	Esel(in)
la **bestia**	Vieh; Tier
el **buey**	Ochse
el **caballo**	Pferd; Hengst
la **yegua**	Stute

la **cola**	Schweif, Schwanz

el **rabo**	Schwanz
la **pata**	Bein; Pfote; Tatze; Pranke; Klaue
En español solo los animales y muebles tienen patas.	Auf Spanisch haben nur Tiere und Möbel *patas (Beine)*.
el **hocico**	Schnauze
el **perro**, la **perra**	Hund, Hündin
morder	beißen
la **raza**	Rasse
la **correa (del perro)**	(Hunde-)Leine
ladrar	bellen
Perro que ladra no muerde. *refrán*	Bellende Hunde beißen nicht.
el **olfato**	Spür-, Geruchssinn
aullar	heulen
maullar	miauen
el **gato**, la **gata**	Kater, Katze
el **ratón**	Maus
la **rata**	Ratte

manso, a	zahm
doméstico, a	Haus-
los **animales domésticos**	Haustiere
inofensivo, a	harmlos
bravo, a	wild; ungezähmt
salvaje	wild, frei lebend
la **jaula**	Käfig

el **zorro**, la **zorra**	Fuchs, Füchsin
el **lobo**, la **loba**	Wolf, Wölfin
el **oso**, la **osa**	Bär(in)
la **uña**	Kralle, Klaue; Huf
el **león**, la **leona**	Löwe, Löwin
el **mono**, la **mona**	Affe, Äffin
el **gorila**	Gorilla
el **elefante**, la **elefanta**	Elefant(enbulle), Elefant(enkuh)
el **cocodrilo**	Krokodil
la **serpiente**	Schlange
venenoso, a	giftig

la **res**	Stück Wild; Stück Vieh
la **liebre**	(Feld-)Hase
la **huella**	Spur, Fährte
el **ciervo**, la **cierva**	Hirsch, Hirschkuh
estar en celo	brunftig/brünstig/läufig sein
la **cría**	Jungtiere; Wurf

la **mariposa**	Schmetterling
el **mosquito**	Mücke

la **mosca**	Fliege
la **araña**	Spinne
el **caracol**	Schnecke
el **insecto**	Insekt
el **bicho**	Tier; Ungeziefer
la **hormiga**	Ameise
la **pulga**	Floh
la **abeja**	Biene
la **avispa**	Wespe
el **pez**	Fisch
el **tiburón**	Hai
el **delfín**	Delfin
la **ostra**	Auster
la **concha**	Muschel
el **pulpo**	Polyp, Oktopus
la **piraña**	Piranha
la **espina**	(Fisch-)Gräte

18.8 Stadt, Land, Infrastruktur

el **habitante**	Einwohner
el **ciudadano**, la **ciudadana**	Bürger(in)
el **vecino**, la **vecina**	Bewohner(in), Einwohner(in)
la **población**	Bevölkerung
la **ciudad**	Stadt
la **capital**	(Provinz-)Hauptstadt
local	Orts-, lokal
el **barrio**	Stadtteil, Viertel
los **alrededores** *pl*	Umgebung
la **zona**	Gebiet
el **polígono industrial**	Industriegebiet
el **suburbio**	Vorort; Stadtrand
la **central**	Zentrale, Hauptstelle
el **pueblo**	Dorf
el **ayuntamiento**	Rathaus
inaugurar	einweihen; eröffnen
municipal	Gemeinde-, Stadt-, städtisch
rural	ländlich, Land-
rústico, a	ländlich
la **finca**	Bauernhaus; Landgut
la **hacienda**	Landgut; Farm
la **villa**	Kleinstadt
poblar	bevölkern
residente	wohnhaft
residir	wohnen
nativo, a	einheimisch

el **sitio**	Platz, Ort
el **camino**	Weg
el **parque**	Park
la **plaza**	Platz
el **puente**	Brücke
el **pozo**	Brunnen
el **canal**	Kanal
el **edificio**	Gebäude
la **torre**	Turm; Wolkenkratzer
la **biblioteca**	Bibliothek
¿A qué hora abre la biblioteca?	Um wie viel Uhr öffnet die Bibliothek?
la **piscina**	Schwimmbad
el **cementerio**	Friedhof
urbano, a	städtisch; Orts-; Stadt-
el **rascacielos** *sg*	Wolkenkratzer, Hochhaus
las **afueras** *pl*	Randgebiet, nähere Umgebung einer Stadt
la **barriada de chabolas**	Elendsviertel
la **urbanización**	Siedlung
el **callejón**	enge Gasse
el **farol**	Straßenlaterne
el **túnel**	Tunnel
el **centro comercial**	Einkaufszentrum

18.9 Ökologie, Umweltschutz

el **medio ambiente**	Umwelt
la **ecología**	Ökologie
ecológico, a	ökologisch
el **ecologismo**	Umweltschutz
el, la **ecologista**	Ökologe, Ökologin
el **hábitat**	natürliche Umwelt
el **aire**	Luft
el **agua** *f*	Wasser
la **tierra**	(Erd-)Boden
puro, a	rein

la **naturaleza**	Natur
proteger	schützen
natural	natürlich
conservar	erhalten; schonen
proteger	schützen
la **protección**	Schutz

la **contaminación**	Verschmutzung
la contaminación del medio ambiente	Umweltverschmutzung
contaminante *adj*	umweltschädlich

no **contaminante**	umweltfreundlich
poco **contaminante**	schadstoffarm
contaminar	verschmutzen
contaminado	verschmutzt
el **daño**	Schaden
el **incendio**	Brand, Feuer
el **bombero**	Feuerwehr(mann)
reciclar	wieder verwerten
el **reciclaje**	Wiederverwertung, Recycling
reciclable	wiederverwertbar
biodegradable	biologisch abbaubar
el **envase retornable**	Mehrwegverpackung
el **tragabasuras** *sg*	Müllschlucker

---

el **ruido**	Lärm
ruidoso	lärmend; laut

---

la **basura**	Müll, Abfall
el **depósito de basuras**	Mülldeponie
la **recogida de basuras**	Müllabfuhr
el **basurero**	Müllkippe
el **contenedor de vidrio**	Glascontainer
el **contenedor de basura**	Müllcontainer

---

la **política del medio ambiente**	Umweltpolitik
la **destrucción del medio ambiente**	Umweltzerstörung
el **deterioro ambiental**	Umweltschädigung
la **catástrofe ecológica**	Umweltkatastrophe
la **polución atmosférica**	Luftverschmutzung
la **polución del suelo**	Bodenverschmutzung
la **lluvia ácida**	saurer Regen
la **marea negra**	Ölpest
desaparecer	aussterben; verschwinden
las **especies en peligro de desaparición**	vom Aussterben bedrohte Arten
perjudicar	schädigen
la **agricultura biológica**	biologischer Anbau
el **impuesto ecológico**	Ökosteuer
la **ecotasa**	Ökosteuer
el **automóvil no contaminante**	Umweltauto

---

la **energía solar**	Sonnenenergie
la **energía eólica**	Windenergie
la **energía nuclear/atómica**	Atomenergie
la **central nuclear**	Atomkraftwerk

---

el **efecto invernadero**	Treibhauseffekt
los **residuos contaminantes**	Sondermüll
la **depuradora (de aguas)**	Kläranlage

19 Zeit und Raum

19.1 Wochentage und Datumsangaben

el **lunes** — Montag
el **martes** — Dienstag
el **miércoles** — Mittwoch
el **jueves** — Donnerstag
el **viernes** — Freitag
el **sábado** — Samstag
el **domingo** — Sonntag

---

la **fecha** — Datum
¿Qué fecha es hoy? — Welches Datum haben wir heute?
la **semana** — Woche

---

el **fin de semana** — Wochenende
a partir de — von/ab
A partir del martes no hay clases. — Ab Dienstag findet kein Unterricht statt.
el **día laborable** — Werktag
el **día festivo** — Feiertag

19.2 Monate

el **mes** — Monat
mensual — monatlich
enero — Januar
febrero — Februar
marzo — März
abril — April
A mediados de abril tendrás que sacar los billetes para el viaje. — Mitte April wirst du die Fahrkarten für die Reise lösen müssen.
mayo — Mai
junio — Juni
julio — Juli
agosto — August
septiembre — September
octubre — Oktober
noviembre — November
diciembre — Dezember

---

a primeros de — Anfang
a principios de — Anfang
a mediados de — Mitte
a finales de — Ende

19.3 Jahr, Jahreszeiten

el **año**	Jahr
la **estación (del año)**	Jahreszeit
El año tiene cuatro estaciones.	Das Jahr hat vier Jahreszeiten.
la **primavera**	Frühling
el **verano**	Sommer
el **otoño**	Herbst
el **invierno**	Winter

anual	jährlich
el **semestre**	Halbjahr; Semester
el **trimestre**	Vierteljahr, Quartal
El seguro del coche se puede pagar anual, **por semestres,** trimestres o mensualmente.	Die Fahrzeugversicherung kann jährlich, halbjährlich, vierteljährlich oder monatlich bezahlt werden.
el **calendario**	Kalender
el **siglo**	Jahrhundert
antes de (Jesucristo) Cristo (a.C.)	vor Christi Geburt
después de (Jesucristo) Cristo (d.C.)	nach Christi Geburt

19.4 Uhrzeit, Tageszeit, Zeiträume

la **hora**	Uhr; Stunde
¿Qué hora es?	Wie viel Uhr ist es?
– Son las ocho menos cinco.	– Es ist fünf vor acht.
Perdone, ¿tiene hora?	Entschuldigen Sie, wie viel Uhr ist es?
a, al	um; bei
¿**A qué hora** empieza el teatro?	Um wie viel Uhr beginnt die Theatervorstellung?
– **A las ocho.**	– Um acht Uhr.
Se levantan **al amanecer.**	Sie stehen bei Tagesanbruch auf.
menos	vor
Tengo que tomar el autobús a las **ocho menos veinte.**	Ich muss den Bus um zwanzig vor acht nehmen.
y	nach
media	halb
La conferencia duró **media hora.**	Der Vortrag dauerte eine halbe Stunde.
el **cuarto**	Viertel
A las **cinco menos cuarto** tengo una cita.	Um Viertel vor fünf habe ich eine Verabredung.
el **cuarto de hora**	Viertelstunde

Laura saldrá **dentro de** un cuarto de hora de la oficina.	In einer Viertelstunde kommt Laura aus dem Büro.
el **minuto**	Minute
el **segundo**	Sekunde
en punto	Punkt; genau (um)
atrasarse	sich verspäten; nachgehen
ir atrasado, a	nachgehen
Tu reloj va atrasado.	Deine Uhr geht nach.
atrasado, a	rückständig
Tenemos mucho trabajo atrasado.	Wir haben viel liegen gebliebene Arbeit.
ir adelantado, a	vorgehen

---

dentro de	in, innerhalb von
entre	zwischen
de … a	von … bis
Julio trabaja **de ocho a tres** en verano.	Im Sommer arbeitet Julio von acht bis drei.
desde … hasta	von … bis
La biblioteca está cerrada **desde las dos hasta las cinco**.	Die Bibliothek ist von zwei bis fünf Uhr geschlossen.
desde	seit
Pablo está esperándote **desde la una**.	Pablo wartet auf dich seit ein Uhr.
hasta	bis
Hoy **no** termino **hasta** las nueve y media.	Heute werde ich erst um halb zehn fertig.

---

hacia	gegen
Te recogeré **hacia las ocho**.	Ich werde dich gegen acht Uhr abholen.
hasta que	bis
para	bis
por	für

---

hoy	heute
el **día**	Tag
de día	tagsüber, bei Tageslicht, taghell
diario, a	täglich
mañana	morgen
la **mañana**	Morgen
Esta mañana ha nevado un poco.	Heute Morgen hat es etwas geschneit.
Mañana por la mañana tendré que ir al médico.	Morgen früh muss ich zum Arzt gehen.
por la mañana	morgens
el **mediodía**	Mittag
la **tarde**	Nachmittag
de la tarde	nachmittags

la **noche**	Nacht; Abend
la **medianoche**	Mitternacht
anoche	gestern Abend
Anoche vi una película muy emocionante en el cine.	Gestern Abend habe ich einen sehr spannenden Film im Kino gesehen.
ayer	gestern

anteayer	vorgestern
pasado mañana	übermorgen
Pasado mañana podré recoger el reloj.	Übermorgen kann ich die Uhr abholen.
el **amanecer**	Tagesanbruch
la **madrugada**	Tagesanbruch
De madrugada salimos de Vigo y llegamos **a mediodía** a Madrid.	Bei Tagesanbruch sind wir von Vigo losgefahren und erreichten mittags Madrid.
la **víspera**	Vorabend
nocturno, a	Nacht-, nächtlich
cotidiano, a	täglich

19.5 Weitere Zeitbegriffe

el **tiempo**	Zeit
¿cuánto tiempo?	wie lange?
en	in
hace	vor
Hace un año nos vimos en Sevilla.	Vor einem Jahr trafen wir uns in Sevilla.
presente	gegenwärtig
la **actualidad**	Gegenwart
actual	gegenwärtig
coincidir	zusammentreffen; gleichzeitig geschehen

estar haciendo	gerade tun
Este junio **está haciendo frío**.	Dieser Juni ist kalt.
ir a + *infinitivo*	gleich etw. tun, machen *(Absicht, Unmittelbarkeit)*
acabar de + *infinitivo*	gerade, (so)eben etw. getan haben

pasado, a	vergangen
pasar	verbringen
tardar	(Zeit) brauchen
mientras	während(dessen); inzwischen
¿Qué ha ocurido **mientras tanto**?	Was ist in der Zwischenzeit geschehen?
cuando	als, wenn

durante	während
durar	(an)dauern

¿cuándo?	wann?
antes	früher; vorher
la **duración**	Dauer
eterno, a	ewig
breve	kurz
anterior	vorherige(r, s); frühere(r, s)

pronto	bald
¡Adiós, Luisa! **¡Hasta pronto!**	Auf Wiedersehen, Luisa! Bis bald!
ahora	jetzt
ahora mismo	soeben; sofort
Iba a llamarte ahora mismo.	Soeben wollte ich dich anrufen.
el **momento**	Augenblick
De momento no podemos ayudarles.	Im Augenblick können wir Ihnen nicht helfen.
enseguida	sofort, gleich
de repente	plötzlich
luego	nachher; später; dann
¡Hasta luego!	Bis später!
después	(da)nach
Después de comer tomamos el café.	Nach dem Essen trinken wir Kaffee.

ponerse (a)	anfangen, beginnen (zu)
A las tres **me he puesto a** trabajar.	Um drei habe ich angefangen zu arbeiten.
producirse	sich ereignen
acontecer	sich ereignen
a la vez	gleichzeitig
inmediato, a	unverzüglich
de pronto	plötzlich
el **instante**	Augenblick

ocurrir	sich ereignen
empezar	beginnen, anfangen
comenzar	beginnen, anfangen
dejar de	aufhören
acabar	(be)enden
terminar	(be)enden
seguir	fortfahren, weitermachen
continuar	fortfahren
continuo, a	durchgehend, ständig
siempre	immer

antes (de) que	bevor
después (de) que	nachdem

entonces	dann, darauf
al principio	anfangs
tan pronto como	sobald
¡Escríbeme tan pronto como puedas!	Schreib mir, sobald du kannst!
en cuanto	sobald
En cuanto haga más calor, iremos a la playa.	Sobald es wärmer wird, gehen wir an den Strand.
recientemente	kürzlich

---

el **futuro**	Zukunft
el **pasado**	Vergangenheit
recién	soeben
recien pintado	frisch gestrichen
el **rato**	Weile; Augenblick

---

desde hace	seit
Desde hace dos años estoy buscando este libro.	Seit zwei Jahren suche ich dieses Buch.
hace poco	kürzlich, vor kurzem
Hace poco vi a Clara.	Kürzlich habe ich Clara gesehen.
desde que	seitdem
Desde que estamos aquí hace muy buen tiempo.	Seitdem wir hier sind, ist das Wetter sehr schön.

---

frecuente	häufig
la **vez**	Mal
Llamamos **varias veces** pero no contestó nadie.	Wir haben mehrmals angerufen, aber es hat sich niemand gemeldet.
pocas veces	selten
de vez en cuando	ab und zu
a veces	manchmal
cada vez	jedes Mal
nunca	nie, niemals
jamás	niemals

---

la **frecuencia**	Häufigkeit
la **continuación**	Fortsetzung
temprano	früh
tarde	spät
suceder	folgen
¿Quién **sucederá al** Presidente?	Wer wird der Nachfolger des Präsidenten sein?
el **acontecimiento**	Ereignis
el **suceso**	Ereignis

---

de nuevo	wieder
a menudo	oft, häufig
apenas	kaum, selten

raro, a	selten
poco a poco	nach und nach

ya	schon
ya no	nicht mehr
aún	noch
Aún no me han pagado.	Man hat mich noch nicht bezahlt.
todavía	noch
a tiempo	rechtzeitig

parar	aufhören
el **fin**	Ende
por fin	endlich
por último	schließlich, endlich
acabarse	zu Ende gehen
¡Se acabó!	Schluss damit!
estar listo, a	bereit sein, fertig sein
despacio	langsam
Por favor, hable un poco más despacio.	Sprechen Sie bitte etwas langsamer.
lento, a	langsam
deprisa	schnell
¡Deprisa, Marisa, que llegas tarde!	Schnell Marisa! Du kommst zu spät!
rápido, a	schnell

19.6 Länge, Umfang und Größe

grande, gran	groß
enorme	riesig; enorm
pequeño, a	klein
bajo, a	niedrig
alto, a	hoch
profundo, a	tief
hondo, a	tief
estrecho, a	eng; schmal

la **altura**	Höhe
El Teide mide 3.718 metros **de altura**.	Der Teide ist 3718 Meter hoch.
el **largo**	Länge
el **ancho**	Breite
El armario tiene dos metros **de ancho**.	Der Schrank ist zwei Meter breit.
la **longitud**	Länge
la **profundidad**	Tiefe
¿Cuánta profundidad tiene esta cueva?	Wie tief ist diese Höhle?

la **extensión**	Ausdehnung; Fläche; Umfang
extenderse	sich erstrecken
la **superficie**	Fläche
el **nivel**	Höhe; (Meeres-)Spiegel

19.7 Entfernung

la **distancia**	Entfernung
¿**Qué distancia hay** entre Tarragona y Huesca?	Wie groß ist die Entfernung zwischen Tarragona und Huesca?
entre	zwischen
cerca (de)	nah; bei; in der Nähe von
Perdone, ¿está cerca de aquí el Palacio de la Moncloa? – No, está lejos.	Entschuldigen Sie bitte, ist der Moncloa-Palast hier in der Nähe? – Nein, er ist weit entfernt von hier.
cercano, a (a)	nahe (bei)
la **proximidad**	Nähe
acercar a	näher bringen
próximo, a	nächste(r, s)

lejos (de)	weit (von), entfernt (von)
alejarse	sich entfernen
¡No **te alejes de** la orilla!	Geh nicht vom Ufer weg!
marcharse	weggehen
a través de	über, durch

lejano, a	entfernt
apartarse	sich entfernen, zur Seite gehen
¡Apártese, por favor!	Gehen Sie bitte etwas zur Seite!
el **extremo**	äußerstes Ende
Marisa se sentó **a un extremo de** la mesa.	Marisa setzte sich ans äußerste Ende des Tisches.
el **horizonte**	Horizont

19.8 Ort

el **lugar**	Ort; Stelle
¿dónde?	wo?
¿**Dónde estarán** mis papeles?	Wo sind wohl meine Papiere geblieben?
donde	wo
Ésta es la casa donde nació Velázquez.	Dies ist das Haus, wo Velázquez geboren wurde.
estar	sich befinden

aquí	hier
acá	hier
¡Miguel, ven acá!	Miguel, komm hierher!
ahí	da
Ahí está Correos.	Da ist das Postamt.
allí	dort
allá	dort
¿Conoces a la señora que está allí? – ¿Cuál? – Ésa que está allá.	Kennst du die Frau, die dort ist? – Welche? – Die da, die dort ist.
el **lado**	Seite
Al otro lado de la calle hay una farmacia.	Auf der anderen Straßenseite ist eine Apotheke.
al lado (de)	daneben, nebenan
junto a	neben, bei
enfrente (de)	gegenüber
frente a	(unmittelbar) gegenüber von
Frente a la oficina hay un bar muy barato.	Gegenüber dem Büro ist eine sehr preiswerte Kneipe.
delante (de)	vor; vorn
hallarse	sich befinden
instalarse	sich niederlassen
central	zentral
céntrico, a	Zentral-, Mittel-
la **mitad**	Mitte
depositar	deponieren
la **posición**	Stellung, Lage
paralelo, a	parallel
horizontal	horizontal, waagerecht
vertical	vertikal, senkrecht
en	in; auf
El regalo está en el paquete.	Das Geschenk ist in dem Paket.
encima de	auf
¡No pongas los pies encima de la mesa!	Leg die Füße nicht auf den Tisch!
sobre	auf; über
Gerardo te ha dejado las llaves sobre la mesa.	Gerardo hat dir die Schlüssel auf den Tisch gelegt.
debajo de	unter
derecho, a	rechte(r, s)
a la derecha	rechts
Vamos a correr la mesa un poco **a la derecha**.	Wir werden den Tisch etwas nach rechts rücken.
izquierdo, a	linke(r, s)
Tomás sólo sabe escribir **con la izquierda**.	Tomás kann nur mit links schreiben.

a la izquierda	links
Para ir al ayuntamiento tiene que torcer la siguiente calle a la izquierda.	Zum Rathaus müssen Sie an der nächsten Straße links abbiegen.

fuera	draußen
fuera de	außerhalb von; außer
Jorge vive **fuera de la ciudad**.	Jorge wohnt außerhalb der Stadt.
Fuera de los domingos es fácil aparcar aquí.	Ausgenommen sonntags ist es leicht, hier zu parken.
exterior	äußere(r, s), Außen-
interior	innere(r, s), Innen-
La **reforma interior** del piso ha sido muy barata.	Die Innenrenovierung der Wohnung war sehr günstig.
superficial	oberflächlich
superior	obere(r, s), Ober-
inferior	untere(r, s)
el **fondo**	Hintergrund
Al fondo de la foto se ven los padres de Mayte.	Im Hintergrund des Fotos sieht man Maytes Eltern.

atrás	zurück; hinten
Deja la maleta atrás en el coche.	Lass den Koffer hinten im Auto liegen.
detrás (de)	(da)hinter
Detrás de aquellas montañas está el mar.	Hinter jenen Bergen liegt das Meer.
detrás	hinten
En los conciertos me siento detrás.	Bei Konzerten setze ich mich nach hinten.
alrededor de	ringsherum um
por	durch; um; in
¡Vamos a tomar algo **por aquí**!	Lasst uns etwas hier in der Nähe trinken!

aparte	beiseite, abseits
¡Pon este libro aparte!	Stell dieses Buch beiseite!
separar	trennen
unir	verbinden
El Peñón de Ifach y Calpe están unidos por un istmo.	Der Peñón Ifach und Calpe sind durch einen Isthmus verbunden.
por todas partes	überall
en todas partes	überall
En verano hay mucha gente en todas partes.	Im Sommer sind überall viele Menschen.
en ninguna parte	nirgends

19.9 Richtung

la **dirección**	Richtung
¿adónde?	wohin?
¿Adónde vas **de** vacaciones?	Wohin fährst du in den Ferien?
adonde	wohin
El pueblo adonde iremos es muy bonito.	Das Dorf, in das wir fahren werden, ist sehr schön.
a, al	zu; nach; an; in
Leopoldo hizo un viaje **a Chile**.	Leopoldo machte eine Reise nach Chile.
A la salida de la autopista hay una gasolinera.	An der Autobahnausfahrt ist eine Tankstelle.
hacia	nach, in Richtung
Este autobús va **hacia León**.	Dieser Bus fährt nach León.
para	nach
El tren **para Huelva** sale a la una de la tarde.	Der Zug nach Huelva fährt um 13 Uhr ab.
contra	gegen
adelante	vorwärts
Por este camino no podemos seguir adelante; hay que volver atrás.	Auf diesem Weg können wir nicht weitergehen; wir müssen umkehren.
hacia atrás	rückwärts

¿de dónde?	woher?
¿De dónde venís **a estas horas**?	Woher kommt ihr um diese Zeit?
de	von; aus
Lola es de Sevilla.	Lola ist aus Sevilla.
desde	von
Desde nuestras ventanas veíamos la montaña.	Von unseren Fenstern aus sahen wir die Berge.
hasta	bis
Continúen hasta el final de esta calle, allí verán el monumento.	Gehen Sie bis ans Ende der Straße, dort werden Sie das Denkmal sehen.

---

el **norte**	Norden
el **sur**	Süden
Al sur de Galicia está Portugal.	Portugal liegt südlich von Galicien.
el **este**	Osten
el **oeste**	Westen
occidental	West-
el **occidente**	Westen
el **oriente**	Osten
oriental	Ost-

20 Farben und Formen

20.1 Farben

el **color**	Farbe
¿**De qué color** quieres que pinten tu coche?	In welcher Farbe soll dein Auto lackiert werden?
de muchos (varios) colores	bunt
claro, a	hell
oscuro, a	dunkel
blanco, a	weiß
negro, a	schwarz
gris	grau
marrón	braun
amarillo, a	gelb
verde	grün
Catalina se ha comprado unos zapatos **verde oscuro**.	Catalina hat sich ein Paar dunkelgrüne Schuhe gekauft.
azul	blau
rojo, a	rot
rosa	rosa(farben)
Prefiero los **claveles rosa**.	Ich mag lieber rosa Nelken.
lila	lila
Carmen tiene **una blusa y un pantalón lila** muy bonitos.	Carmen hat eine sehr hübsche lila Bluse und Hose.
violeta	violett
morado, a	dunkelviolett
Tomás le puso a Luis **un ojo morado**.	Tomás hat Luis ein blaues Auge verpasst.
incoloro, a	farblos
¿Tiene crema incolora para zapatos?	Haben Sie farblose Schuhcreme?
el **brillo**	Glanz
mate	matt
pardo, a	(grau-; stumpf)braun
De noche no todos los gatos son pardos.	Nachts sind nicht alle Katzen grau.
encarnado, a	rot; fleischfarben
color naranja	orangenfarbig
beis	beige; sandfarben
dorado, a	golden
plateado, a	silbern

20.2 Formen

la **forma**	Form
formar	bilden, formen
el **círculo**	Kreis
la **circunferencia**	Kreisumfang
redondo, a	rund
ovalado, a	oval
cuadrado, a	viereckig
la **línea**	Linie
la **raya**	Streifen
la **cruz**	Kreuz
la **punta**	Spitze
puntiagudo, a	spitz
sin punta	stumpf
la **esquina**	Ecke
plano, a	flach
la **bola**	Kugel
la **esfera**	Kugel; Ball
el **triángulo**	Dreieck
triangular	dreieckig
el **rectángulo**	Rechteck
el **cuadrilátero**	Viereck
el **cuadrado**	Quadrat
la **pirámide**	Pyramide
el **cubo**	Würfel
el **cilindro**	Zylinder
llano, a	flach, eben
el **tamaño**	Größe
¿**De qué tamaño** desea los sobres?	In welcher Größe möchten Sie die Umschläge?

21 Mengen, Zahlen, Maße

21.1 Mengenbegriffe

más	mehr
más que, más de	mehr als
Este coche es **más caro que** el vuestro.	Dieses Auto ist teurer als eures.
Fidadelfo tiene **más de** 60 años.	Fidadelfo ist über 60 Jahre alt.
demasiado, a	zu viel
mucho, a	viel
mucho	sehr; viel
infinito, a	unendlich, unzählbar

---

bastante	genügend
demasiado	zu viel, zu sehr
Gracias, creo que ya he comido demasiado.	Danke, ich glaube, ich habe schon zu viel gegessen.
menos	weniger
Este invierno es menos frío que el anterior.	Dieser Winter ist weniger kalt als der vorhergehende.
menos que, menos de	weniger
Este coche corre menos de 90 kilómetros por hora.	Dieses Auto fährt weniger als 90 km/h.
poco, a	wenig
poco	wenig
¿Me da **un poco de** queso?	Geben Sie mir ein wenig Käse?

---

tanto, a	so viel
tan ... que	so ... dass
tanto ... como	so viel ... wie
Luis no tiene tanto dinero como Carlos.	Luis hat nicht so viel Geld wie Carlos.
más o menos	ungefähr, etwa; mehr oder weniger

---

solo, a	einzig, allein
juntos, as	zusammen
último, a	letzte(r, s)
siguiente	folgende(r, s)
sucesivo, a	folgend

---

la **parte**	Teil
el **tanto por ciento**	Prozent
todo	alles
todo, a	ganz, alle
Todos estos niños son mis hijos.	All diese Jungen sind meine Kinder.
entero, a	ganz
el **doble**	Doppelte

Déme un **brandy doble**. – Sí, pero cuesta **el doble**.	Geben Sie mir einen doppelten Weinbrand. – Ja, aber das kostet das Doppelte.
incluido	einschließlich
incluso *adv*	eingeschlossen; sogar

la **cantidad**	Menge
el **total**	Ganze
faltar	fehlen
vacío, a	leer
lleno, a	voll
quedar	übrig bleiben
algo	etwas

sumar	addieren
restar	subtrahieren, abziehen
multiplicar	multiplizieren, malnehmen
2 por 3 son 6.	2 mal 3 sind 6.
dividir	teilen, dividieren
9 dividido por 3 son 3.	9 geteilt durch 3 sind 3.

bastar	genügen
suficiente	genügend
numeroso, a	zahlreich
incluir	einschließen
excluir	ausschließen
ambos, as	beide
contener	enthalten
el **contenido**	Inhalt

por lo menos	wenigstens, mindestens
al menos	wenigstens
a lo sumo	höchstens
insuficiente	ungenügend
reducido, a	begrenzt, beschränkt

excepto	ausgenommen
escaso, a	knapp
Este mes voy **escaso de dinero**.	Diesen Monat bin ich knapp bei Kasse.
el **límite**	Grenze
en parte	zum Teil
aparte de	außer; abgesehen von

el **montón**	Haufen, Menge
la **masa**	Masse; Menge
el **todo**	Ganze
el **porcentaje**	Prozentsatz
el **promedio**	Durchschnitt

el **exceso**	Überschuss

excesivo, a	übermäßig, maßlos
sobrar	übrig sein, zu viel sein
relleno, a	gefüllt, vollgestopft
completar	vervollständigen, ergänzen
cargar	(be)laden; (be)lasten; aufladen; anfüllen

precedente	vorige(r, s), vorangehende(r, s)
seguido, a	aufeinanderfolgend; ununterbrochen
posterior	spätere(r, s)
El Siglo de Oro **es posterior al** Renacimiento.	Das goldene Zeitalter kommt nach der Renaissance.
penúltimo, a	vorletzte(r, s)

21.2 Zahlen und Zahlwörter

el **número**	Nummer; Zahl
cero	null
uno, un, una	eins, eine(r)
dos	zwei
tres	drei
cuatro	vier
cinco	fünf
seis	sechs
siete	sieben
ocho	acht
Ocho y ocho son dieciséis.	Acht und acht sind sechzehn.
nueve	neun
diez	zehn

once	elf
doce	zwölf
la **docena**	Dutzend
trece	dreizehn
catorce	vierzehn
quince	fünfzehn

dieciséis	sechzehn
diecisiete	siebzehn
dieciocho	achtzehn
diecinueve	neunzehn

veinte	zwanzig
veintiuno, veintiún, veintiuna	einundzwanzig
veintidós	zweiundzwanzig
veintitrés	dreiundzwanzig
veinticuatro	vierundzwanzig

veinticinco	fünfundzwanzig
veintiséis	sechsundzwanzig
veintisiete	siebenundzwanzig
veintiocho	achtundzwanzig
veintinueve	neunundzwanzig

treinta	dreißig
treinta y uno, treinta y un, treinta y una	einunddreißig
treinta y dos	zweiunddreißig

cuarenta	vierzig
cincuenta	fünfzig
sesenta	sechzig
setenta	siebzig
ochenta	achtzig
noventa	neunzig
cien, ciento	hundert
ciento uno, ciento un, ciento una	(ein)hundert eins

quinientos, as	fünfhundert
setecientos, as	siebenhundert
novecientos, as	neunhundert

mil	(ein)tausend
En mil novecientos noventa y nueve me tocó la lotería.	1999 habe ich im Lotto gewonnen.
dos mil	zweitausend
un **millón**	eine Million
mil millones	eine Milliarde
el **millardo**	eine Milliarde

la **cifra**	Ziffer
la **numeración**	Zählung, Nummerierung
numerar	nummerieren, beziffern

1º, 1ª; primer; primero, a	erste(r, s); erstens
En primer curso fui el primero.	In der ersten Klasse war ich der Erste.
2º, 2ª; segundo, a	zweite(r, s); zweitens
3º, 3ª, tercer, tercero, a	dritte(r, s); drittens
4º, 4ª; cuarto, a	vierte(r, s); viertens
Cuesta cuatro cuartos. *loc*	Es kostet ein paar Groschen.
5º, 5ª; quinto, a	fünfte(r, s); fünftens
6º, 6ª; sexto, a	sechste(r, s); sechstens
7º, 7ª; séptimo, a	siebte(r, s); siebtens
8º, 8ª; octavo, a	achte(r, s); achtens
9º, 9ª; noveno, a	neunte(r, s); neuntens
10º, 10ª; décimo, a	zehnte(r, s); zehntens
11º, 11ª; undécimo, a	elfte(r, s); elftens

12º, 12ª, duodécimo, a	zwölfte(r, s); zwölftens
13º, 13ª; decimotercer; decimotercero, a	dreizehnte(r, s); dreizehntens

21.3 Maße und Gewichte

el **milímetro**	Millimeter
el **centímetro**	Zentimeter
el **metro**	Meter; Maßband, Zollstock
Esta casa tiene **cien metros cuadrados.**	Dieses Haus hat eine Wohnfläche von $100m^2$.
el **kilómetro**	Kilometer

pesar	wiegen
el **peso**	Gewicht; Waage
el **gramo**	Gramm
el **kilo(gramo)**	Kilo(gramm)
la **tonelada**	Tonne

el **tercio**	Drittel
el **quinto**	Fünftel
¿Quieres un tercio o un quinto (de cerveza)?	Möchtest du ein großes Bier (0,3 l) oder ein kleines Bier (0,2 l)?
el **cuarto**	Viertel
Déme **un pan de cuarto.**	Geben Sie mir ein 250-Gramm-Brot.
el **litro**	Liter

la **mitad**	Hälfte
medio, a	halb
el **par**	Paar
el **pedazo**	Stück
el **trozo**	Stück

medir	messen
la **medida**	Maß
la **milla**	Meile

el **barril**	Fass
el **volumen**	Rauminhalt
el **metro cúbico**	Kubikmeter
pesado, a	schwer
ligero, a	leicht

22 Allgemeine Begriffe

22.1 Grad und Vergleich

igual	gleich
¿Quieres un café o un té? – **Me es igual.**	Möchtest du Kaffee oder Tee? – Das ist mir gleich.
parecido, a	ähnlich
comparable	vergleichbar
extremo, a	extrem
que	als
Mi casa es más pequeña que la tuya.	Mein Haus ist kleiner als deines.
como	wie
también	auch
tampoco	auch nicht

la **diferencia**	Unterschied
Entre las provincias españolas hay diferencias en las costumbres.	Zwischen den spanischen Provinzen gibt es Unterschiede in den Sitten und Bräuchen.
diferente	verschieden, unterschiedlich
distinto, a	verschieden, anders
distinguir	unterscheiden

mucho	sehr
muy	sehr
¿Te encuentras mal? Estás muy pálido.	Ist dir schlecht? Du bist sehr blass.
tan	so
Pensábamos que la cola no sería tan larga.	Wir dachten, dass die Schlange nicht so lang sein würde.
tan … como	(eben)so … wie
tanto	so viel
tanto, a	so viel
Hace tanto calor que no puedo dormir.	Es ist so heiß, dass ich nicht schlafen kann.
tanto, a … como	so viel … wie

de ninguna manera	auf keinen Fall, keineswegs
en absoluto	keineswegs; absolut nicht
casi	fast, beinahe

más bien	eher, vielmehr
mayor	größte(r, s)
mayor	größer; älter
¿Eres tú **el mayor**? – No, mi hermana es **mayor que** yo.	Bist du der Älteste? – Nein, meine Schwester ist älter als ich.
máximo, a	größte(r, s)
mínimo, a	geringste(r, s)
menor	kleinste(r, s); kleiner; geringste(r, s)

principal	Haupt-; hauptsächlich
por poco	beinahe
Por poco me caigo.	Beinahe wäre ich gestürzt.
apenas	kaum
realmente	wirklich

22.2 Modalausdrücke

¿cómo?	wie?
¿Cómo está usted?	Wie geht es Ihnen?
hasta	sogar
¡qué ...!	wie ...!
así	so
¡No te pongas así!	Stell dich nicht so an!
poder	können
deber	sollen, müssen
Deben de ser las cuatro.	Es muss wohl vier Uhr sein.
hay que	man muss
tener que	müssen
haber de	müssen
la **manera**	Weise
¡No hay manera de localizarte!	Es ist unmöglich, dich zu erreichen!
de manera que	also; so dass
de otra forma	anders
de (tal) forma que	so dass
el **modo**	Art, Weise
generalmente	im Allgemeinen
en general	allgemein, im Allgemeinen
normal	normal
en especial	besonders
eficaz	wirksam, wirkungsvoll
Este medicamento es muy eficaz contra el resfriado.	Dieses Medikament ist gegen Erkältungen sehr wirksam.
eficiente	tüchtig
sobre todo	vor allem, besonders
sólo	nur
particular	besondere(r, s)
único, a	einzig; einzigartig
exclusivo, a	exklusiv; außergewöhnlich
en el fondo	im Grunde genommen
en principio	grundsätzlich, im Prinzip
por lo visto	offensichtlich
total	ganz, völlig

de esta forma	so, auf diese Weise
incluso	sogar
no … más que	nur
semejante	ähnlich
aproximado, a	ungefähr

22.3 Ursache, Wirkung, Ziel, Zweck

la **causa**	Grund, Ursache
causar	verursachen
el **motivo**	Grund, Anlass
la **razón**	Grund, Ursache
Tienes razón.	Du hast Recht.
conducir	führen
resultar	sein; sich herausstellen
para	für; um zu
Este regalo es para tus padres.	Dieses Geschenk ist für deine Eltern.
¿para qué?	wozu?, wofür?
para que	damit
¿a qué?	wozu?, wofür?
a que …	Wetten, dass …
¡A que gana el Madrid! – **¡A que no!**	Wetten, dass Real Madrid gewinnt! – Bestimmt nicht!
por	für; wegen; aus
Toma esta flor, **por simpática**.	Nimm diese Blume, weil du nett bist.
Por mí puedes irte.	Meinetwegen kannst du gehen.
¿por qué?	warum?
porque	weil
¿Por qué no fuisteis a la conferencia? – Porque no tuvimos tiempo.	Warum seid ihr nicht zum Vortrag gekommen? – Weil wir keine Zeit hatten.
como	da; wie
el **medio**	Mittel
debido a	infolge, aufgrund
gracias a	dank, aufgrund von
la **consecuencia**	Folge
el **efecto**	Wirkung
la **casualidad**	Zufall
el **objetivo**	Ziel; Zweck
el **fin**	Ziel
por eso	deshalb, darum, daher

por esto	deshalb, darum, daher
por lo tanto	deshalb, infolgedessen
puesto que	da, weil
depender	abhängen
Depende del tiempo que haga.	Es ist vom Wetter abhängig.

22.4 Zustand und Veränderung

ser	sein
estar	sein; sich befinden
hay	es gibt; es ist, es sind
En Correos hay unas cartas para ti.	Auf der Post sind einige Briefe für dich.
cambiar	(ver)ändern
aumentar	erhöhen, steigern, zunehmen
quedar	bleiben
Media casa **ha quedado por** pintar.	Das halbe Haus muss noch gestrichen werden.
nuevo, a	neu
¿Qué hay **de nuevo**?	Was gibt es Neues?
viejo, a	alt
subir	(an)steigen
bajar	sinken, fallen, niedriger werden
salir	werden; gelingen
Este dibujo **te ha salido muy bien**.	Diese Zeichnung ist dir sehr gut gelungen.
volver (a)	wieder tun; machen
Esta mujer **me vuelve loco**.	Diese Frau macht mich verrückt.
caer	fallen
el **resultado**	Ergebnis
la **situación**	Lage, Situation
resuelto, a	gelöst
roto, a	kaputt
romperse	zerbrechen, kaputtgehen
cambiar(se)	sich (ver)ändern
volverse	werden
ponerse	werden
Creo que voy a ponerme enfermo.	Ich glaube, ich werde krank
mejorar(se)	sich bessern; besser werden
¡Que te mejores!	Gute Besserung!
agravarse	sich verschlechtern
el **estado**	Zustand

Mi mujer **está en estado**.	Meine Frau ist schwanger.
la **circunstancia**	Umstand
variar	ändern, wechseln
el **lío**	Durcheinander
¡Vaya lío!	So ein Durcheinander!

hacerse	werden
convertirse en	werden zu, sich verwandeln in
convertirse a	werden; übertreten zu

la **realidad**	Wirklichkeit
existir	bestehen, existieren
la **existencia**	Existenz
la **alternativa**	Alternative
surgir	auftauchen; erscheinen

disminuir	abnehmen, zurückgehen
reducir	verringern; zurückführen auf
el **aumento**	Anstieg, Zunahme, Erhöhung

23 Strukturwörter

23.1 Artikel

el, la	der, die, das
los, las	die
Los niños están jugando con las pelotas.	Die Kinder spielen mit den Bällen.
un, una	ein(en); eine
Déme un periódico y una revista.	Geben Sie mir bitte eine Zeitung und eine Zeitschrift.
unos, unas	einige
lo	das *(neutral vor substantivierten Adjektiven, Pronomen und Zahlwörtern)*
No me gusta hacer siempre lo mismo.	Ich mag nicht immer das Gleiche tun.

23.2 Personalpronomen

yo	ich
me	mir; mich
¿Dígame? – ¿Está Carola?	Hallo! Ist Carola zu Hause?
mí	mir; mich
conmigo	mit mir
tú	du
te	dir; dich
ti	dir; dich
A ti no te conozco.	Dich kenne ich nicht.
contigo	mit dir
él	er; ihm; ihn
le	ihm; ihr; Ihnen
le, lo	ihn
A Juan no lo he visto.	Juan habe ich nicht gesehen.
ella	sie; ihr
El reloj se lo he regalado a ella.	Die Uhr habe ich ihr geschenkt.
le	ihr; ihm
la	sie
A Lucía no la veo.	Lucía sehe ich nicht.
usted, Ud., Vd.	Sie; Ihnen
A Vd. no la conozco.	Ich kenne Sie nicht.
¿Puedo ir con Ud.?	Darf ich mit Ihnen mitfahren?
le	Ihnen
¿Qué le duele?	Wo tut es Ihnen weh?
le, lo *m*	Sie

la *f*	Sie
¿Cuándo puedo llamarla?	Wann kann ich Sie anrufen?
ello	es
le	ihm, dem
lo	es
¿Dónde están mis gafas? – No lo sé.	Wo ist meine Brille? – Ich weiß es nicht.
nosotros, as	wir; uns
nos	uns
Nos levantamos a las dos.	Wir stehen um zwei Uhr auf.
vosotros, as	ihr; euch
os	euch
¿Os habéis cansado hoy mucho?	Seid ihr heute sehr müde geworden?
ellos	sie; ihnen
Este libro es para ellos.	Dieses Buch ist für sie.
les	ihnen, Ihnen
¡Dales a los niños un helado!	Gib den Kindern ein Eis!
los, les *m*	sie
ellas	sie; ihnen
les	ihnen, Ihnen
Las enfermeras han protestado porque no les pagan lo suficiente.	Die Krankenschwestern haben protestiert, weil man ihnen nicht genügend zahlt.
las	sie
ustedes, Uds., Vds.	Sie; Ihnen
¿Ustedes hablan todos español?	Sprechen Sie alle Spanisch?
les	Ihnen, ihnen
les, los *m*	Sie
las *f*	Sie
se	sich
se	ihm, ihr, ihnen; Ihnen
sí	sich
Andrés sólo piensa en sí mismo.	Andrés denkt nur an sich selbst.
consigo	mit sich

23.3 Demonstrativpronomen

este, esta, esto, estos, estas; éste, ésta, éstos, éstas	diese(r, s); der, die, das (hier)
ese, esa, eso, esos, esas; ése, ésa, ésos, ésas	diese(r, s); der, die, das (da)

aquel, aquella, aquello, aquellos, aquellas; aquél, aquélla, aquéllos, aquéllas	jene(r, s); der, die, das (dort)
Aquel día hizo un frío terrible.	An jenem Tag war es fürchterlich kalt.

esto	dies (hier); das, es
Esto no me gusta.	Ich mag das hier nicht.
eso	dies (da), das (da)
¿Qué es eso?	Was ist das da?
aquello	jenes, das

23.4 Possessivpronomen

mi, mis	mein(e)
tu, tus	dein(e)
su, sus	sein(e); ihr(e); Ihr(e)
nuestro, a, os, as	unser(e)
vuestro, a, os, as	euer, eure

el **mío**, la **mía**, los **míos**, las **mías**	mein(e); meine(r, s); von mir
el **tuyo**, la **tuya**, los **tuyos**, las **tuyas**	dein(e); deine(r, s); von dir
el **suyo**, la **suya**, los **suyos**, las **suyas**	sein(e); ihr(e); Ihr(e); seine(r, s); ihre(r, s); Ihre(r, s); von ihm; von ihr; von Ihnen
el **nuestro**, la **nuestra**, los **nuestros**, las **nuestras**	unser(e); unsere(r, s); von uns
el **vuestro**, la **vuestra**, los **vuestros**, las **vuestras**	euer, eure; eure(r, s); von euch

23.5 Interrogativpronomen

¿qué?	was?
¿cuántos, as?	wie viel?, wie viele?
¿cuánto?	wie viel?
¿Cuánto cuesta este libro?	Wie viel kostet dieses Buch?
¿cuál?, ¿cuáles?	welche(r, s)?
¿quién?, ¿quiénes?	wer?
¿**De quién** es esta maleta?	Wem gehört dieser Koffer?
¿**A quién** viste ayer?	Wen hast du gestern gesehen?

23.6 Relativpronomen

que	der, den, die, das
Juan todavía no me ha devuelto el CD que le presté.	Juan hat mir noch nicht die CD zurückgegeben, die ich ihm geliehen habe.

el que, la que, los que, las que	welche(r, s); der-, die-, dasjenige; der, die, das
lo que	(das,) was
Ya no me acuerdo de lo que te dije ayer.	Ich erinnere mich nicht mehr daran, was ich dir gestern gesagt habe.

el cual, la cual, lo cual; los cuales, las cuales	welche(r, s); der, die, das
lo cual	(das,) was

quien, quienes	wer; der, die, das
Jaimito fue quien rompió la tele.	Jaimito war der, der den Fernseher kaputtgemacht hat.
cuyo, cuya, cuyos, cuyas	dessen, deren

23.7 Indefinite Pronomen und Begleiter

alguien	jemand
nadie	niemand
algún, alguno, alguna; algunos, algunas	(irgend)ein(e, er, es); einige, manche
Algunas veces preferimos estar en casa que salir.	Manchmal ziehen wir es vor, zu Hause zu bleiben, statt auszugehen.
ningún, ninguno, ninguna	kein(e, er, es)
Aquí no hay ningún hotel.	Hier gibt es kein Hotel.
cualquier, cualquiera	irgendein(e); irgendeine(r, s)

cada	jede(r, s)
cada uno, cada una	jede(r, s) (einzelne, r, s)
mismo, a	selbst
el mismo, la misma	der-, die-, dasselbe; der/die/das Gleiche
lo mismo	das Gleiche, dasselbe
Esta mujer siempre dice lo mismo.	Diese Frau sagt immer das Gleiche.

todo el mundo	jeder(mann), alle
Todo el mundo sabe que eso no es verdad.	Jedermann weiß, dass das nicht wahr ist.
lo demás; los demás, las demás	das Übrige; die anderen, die Übrigen
¿Cuándo vienen los demás?	Wann kommen die anderen?
varios, as	mehrere, verschiedene

cierto, a	gewisse(r, s); wahr
Ciertas noticias deberían salir más en la prensa.	Gewisse Nachrichten sollten häufiger in der Presse erscheinen.

Las **noticias ciertas** deberían salir más en la prensa.	Wahre Nachrichten sollten häufiger in der Presse erscheinen.
otra cosa	etwas anderes
tal	(ein) solcher, (eine) solche, (ein) solches
¡Jamás he visto **tal cosa**!	Ich habe niemals so etwas gesehen!

23.8 Präpositionen

a	mit; nach; um *etc.*
al principio.	anfangs
con	mit, bei, zu
sin	ohne
Ha sido **sin querer**.	Es ist ohne Absicht passiert.
de	von
en medio de	inmitten
en total	insgesamt

para	für; nach; bis
Estos dulces son **para** los niños.	Diese Süssigkeiten sind für die Kinder.
por	für; durch; wegen; pro; von *etc.*
No vino **por** el frío.	Er kam nicht wegen der Kälte.
Lo vendo **por** 1.000 euros.	Ich verkaufe es für 1000 Euro.
Está **por** ahí. Pasea **por** el parque.	Sie ist in der Nähe. Sie macht einen Spaziergang durch den Park.
La novela fue escrita **por** Cervantes.	Der Roman wurde von Cervantes geschrieben.
Te llamo **por** teléfono.	Ich rufe dich an.

a pesar de	trotz
ante	vor
además de	außer, zusätzlich
en vez de	statt, an Stelle von
por una parte …	einerseits …
por otra parte …	andererseits …

en cuanto a	hinsichtlich, was … betrifft
respecto, a	bezüglich
según	laut, gemäß, nach
Según el contrato no tenemos que pagar la reforma.	Laut Vertrag müssen wir die Renovierung nicht bezahlen.

23.9 Konjunktionen

que	dass
pero	aber
y	und
e	und
Fernando e Isabel son los Reyes Católicos.	Ferdinand und Isabella sind die Katholischen Könige.
o	oder
u	oder
Un día u otro llegará la carta.	Früher oder später wird der Brief ankommen.

si	wenn, falls; ob
si no	sonst
sino	sondern
Ése no es Mariano sino su hermano.	Das ist nicht Mariano, sondern sein Bruder.

como si	als ob
aunque	obwohl, obgleich; selbst wenn, auch wenn
Aunque sea tarde no podremos irnos a casa.	Auch wenn es spät ist, werden wir nicht nach Hause gehen können.

(en) caso (de) que	falls
sin embargo	jedoch, aber
sin que	ohne dass

mientras (que)	während; wohingegen
ni … ni …	weder … noch

24 Amerikanismen

Lateinamerikanisches Spanisch weist einige Besonderheiten in den Bereichen der Aussprache, Lexik und Grammatik auf. Dieses Kapitel soll einige der gebräuchlichsten Amerikanismen des spanischsprachigen Amerikas vermitteln. In der folgenden Liste, die sich thematisch und inhaltlich an den ersten 23 Kapiteln orientiert, werden in der ersten Spalte die **Amerikanismen**, in der zweiten Spalte die **spanischen Varianten der Iberischen Halbinsel** und in der dritten Spalte die **deutschen Entsprechungen** aufgeführt.

Angaben zur Person

la **cédula**	el documento de identidad	Personalausweis

Der menschliche Körper

catire *Ven*	rubio, a	blond
mono, a *Col*	rubio, a	blond
pararse	ponerse de pie	aufstehen, stehen
estar parado, a	estar de pie	stehen
apurarse	darse prisa	sich beeilen
agarrar	coger	greifen, fassen, nehmen
botar	tirar, echar	(weg)werfen
jalar	tirar	ziehen

Gesundheit und Medizin

la **tapadura**	el empaste	Plombe, Füllung

Psyche, Geist, Verhalten

flojo, a	vago, a	faul
o(b)stinado, a *Ven*	enfadado, a	böse, verärgert

Einkaufen, Ernährung, Kleidung, Schmuck

tomar	beber	trinken *(alkoholische Getränke)*
el **durazno**	el melocotón	Pfirsich
el **damasco**	el albaricoque	Aprikose
la **frutilla**	la fresa	Erdbeere
la **arbeja/arveja**	el guisante	Erbse

los **frijoles**	las judías	Bohnen
la **papa**	la patata	Kartoffel
la **manteca**	la mantequilla	Butter
la **crema**	la nata	Sahne
el **sartén**	la sartén	Bratpfanne
la **cigarrería**	el estanco	Tabakwarengeschäft
la **vitrina/vidriera**	el escaparate	Schaufenster
el **terno**	el traje	Anzug
el **flus** *Ven*	el traje	Anzug
el **vestido**	el traje	Anzug
el **saco**	la chaqueta	Jacke
el **corpiño**	el sujetador	Büstenhalter
el **cierre zipper/ relámpago**	la cremallera	Reißverschluss
el **taco**	el tacón	Absatz
lindo, a	bonito, a	hübsch

Wohnen

el **departamento**	el piso	Wohnung
la **pieza**	la habitación	Zimmer
cambiarse	mudarse de casa	umziehen
la **heladera**	el frigorífico, la nevera	Kühlschrank
la **ampolleta**, el **foco**	la bombilla	Glühlampe
el **concreto**	el cemento	Zement
tapado, a	atascado, a	verstopft
la **cobija/frazada**	la manta	Wolldecke

Privatleben, soziale Beziehungen

¡Nos vemos!	¡Hasta luego!	Bis später!, Tschüs!, Auf Wiedersehen!
cómo no	por supuesto	natürlich, selbstverständlich
chévere	formidable	toll, super, großartig

Erziehung, Schule, Universität

el **liceo**	el instituto	Gymnasium
la **prueba**	el examen	Prüfung
aplazar	suspender	durchfallen

Berufs- und Arbeitswelt

la **piola** *Arg*	la cuerda	Schnur; Leine
el **chofer**	el chófer	Fahrer(in)

Freizeit, Unterhaltung, Sport und Spiel

el **boleto**	la entrada	Eintrittskarte
la **cancha**	el campo (deportivo)	Sportplatz

Reisen und Tourismus

el **pasaje**	el viaje	Reise
la **estadía**	la estancia	Aufenthalt
la **valija**	la maleta	Koffer
la **carpa**	la tienda de campaña	Zelt

Wirtschafts- und Geschäftsleben

el **patrón**	el jefe, la jefa	Chef
el **contador**, la **contadora**	el, la contable	Buchhalter(in)
la **plata**	el dinero	Geld
el **sencillo**	el dinero suelto	Kleingeld
en concreto	al contado, en efectivo	bar

Kommunikation und Massenmedien

el **directorio de teléfonos**	la guía telefónica	Telefonbuch
las **cartas detenidas**	la lista de correos	postlagernd
la **carta registrada**	la carta certificada	Einschreiben
la **estampilla**	el sello	Briefmarke
el **celular**	el móvil	Handy
el **altoparlante**	el altavoz	Lautsprecher
el **aviso**	el anuncio	Inserat, Anzeige
el **noticioso informativo**	las noticias	Nachrichten

Verkehr, Verkehrsmittel

el **tránsito**	el tráfico	Verkehr
la **vereda**	la acera	Bürgersteig, Gehweg
el **carro**	el coche, el auto	Auto
dañado, a	estropeado, a	defekt, beschädigt
el **baúl**	el maletero	Kofferraum
la **chapa**	la matrícula	Nummernschild
manejar	conducir	(Auto) fahren
la **playa**	el estacionamiento	Parkplatz
la **bomba**	la gasolinera	Tankstelle

la **combinación**	el enlace	Verbindung
combinar	transbordar	verbinden
la **boletería**	la ventanilla	Schalter
el **boleto**	el billete	Fahrkarte
el **ferry-boat**	el transbordador	Fähre

Natur, Umwelt, Ökologie

la **grama**	el césped	Rasen
el **palo**	el árbol	Baum
la **mata**	el matorral	Gebüsch

Zeit und Raum

a. m. *(bei Uhrzeit)* (antes de las 12)	de la mañana	vormittags
p. m. *(bei Uhrzeit)* (después de las 12)	de la tarde	nachmittags

Allgemeine Begriffe

malograrse	romperse, estropearse	kaputtgehen

Register aller spanischen Stichwörter

Alle Amerikanismen erscheinen in *kursiver Schrift.*

A

D

E

F

G

H

M

N

O

T

U

V

W